휴먼 레버리지
HUMAN LEVERAGE

휴먼 레버리지
HUMAN LEVERAGE

초판 발행 2024년 08월15일
지은이　　양일옥
펴낸이　　양일옥
펴낸곳　　나다움
출판신고 2024년06월05일 제 362-2024-000012호
홈페이지 nabranding.co.kr
이메일　　bizinn015@naver.com

ISBN:979-11-988572-1-7

이 책은 저작권법에 따라 보호받는 저작물이므로 무단전재와 무단복제를 금지하며,
이 책 내용의 전부 또는 일부를 이용하려면 반드시 저작권자와 나다움의 서면동의
를 받아야 합니다.

황금 인맥을 설계하는 기술

휴먼 레버리지
HUMAN LEVERAGE

양일옥 지음

나다움

저자의 말

저는 이 책에서 '인맥의 기술'을 말씀드리고자 합니다. 제 나름대로 멋을 부려서 '휴먼 레버리지'라는 단어를 붙여봤어요. 아마 처음 들어보는 말일 겁니다. 우리가 흔히 말하는 '인맥'이라는 말이 있죠.

나 변호사 누구 알아, 나 유명한 사람 누구 알아...

그런데 이런 인맥이 실제로 내 인생에 도움이 되는 경우가 별로 없어요. 대부분 '나 이런 사람도 알아' 라는 식의 '쇼윈도 인맥'인 경우가 많죠.

근데요. 이런 인맥 가지고 있으면 어떤가요?
내 인생에 하등 도움이 안 돼죠.

내가 어느 회사 면접가서 대표이사 명함 받아서 핸드폰에 저장했다고 해서 그걸 인맥이라고 할 수 있나요?
내가 빌게이츠 인스타그램 팔로우하면 빌게이츠가 내 인맥이 되는건가요?

그거 인맥 아니죠. 저는 그래서 '인맥'이라고 안하고 '휴먼 레버리지'라고 말하는 거예요.

휴먼 레버리지가 뭐냐면요. 이 인맥이 실제로 내 인생에 보탬이 되는 시스템을 말한 거예요. '휴먼 캐피털'이라고도 해요. '캐피털(capital)'이라는 게 영어로 '자본'이라는 뜻이거든요. 종잣돈 1000만원 있다고 하면 든든한 것처럼 '휴먼캐피털 100명' 있으면 진짜 일 안 하고도 밥 먹고 사는 시스템도 만들 수 있어요.

어때요, 진짜 재밌겠죠. 그리고 나한테 유용하겠죠?

그럼 제가 지금부터 거창한 이론 같은 거 말고 실용적으로 이 휴먼 레버리지가 뭔지 설명해볼께요. 이 책은 어려운 이론은 빼고, 독자 분들이 휴먼 레버리지로 인생을 풍요로워질 수 있는 실전 내용만 담았으니 저를 천천히 따라오시기 바랍니다.

목차

저자의 말 _04
추천사 _10
프롤로그
평범한 사람들이 결코 1급 인맥수를 얻지 못하는 이유 _14

인맥의 기술1
상위 10%의 인맥 자원을 축적하라.

어떻게 시골 촌동네 여자가 인맥의 여왕이 되었을까 _22
사람들이 알고 있던 봉사와는 조금 '다른 봉사' _28
모든 인맥은 사소한 한 번의 만남에서 시작된다. _36
조용하게 듣는 사람이 더욱 주목받는 이유 _50

인맥의 기술2:
누구든 내 사람으로 만드는 '휴먼 네트워킹'의 시작

모든 사람을 위아래 없이 대하기 _70

나를 연출할 수 있는 명함을 만드세요 _84

다른 사람들과 인맥 만들기 _90

낯선 사람과 금세 친해지는 법 _96

인맥의 기술3:
'파워 인맥' 구축의 비밀

알면 바로 활용할 수 있는 '네트워킹의 기술' _108

네트워킹이 주는 놀라운 마법 _132

네트워킹을 운용하는 법 _142

공부도 하고 최고의 인맥도 만드는 법 _150

인맥의 기술4:
휴먼 레버리지 작동시키기

휴먼 레버리지를 활용해서 사업하기 _162

휴먼 레버리지를 활용해서 인맥 극대화하기 _184

상위 10% 부자들과 인맥을 쌓는 비법 _200

마음을 레버리지로 부를 쌓기 _212

에필로그 _222

추천사

오늘부터
휴먼 레버리지
1일

먼저 고백하자면 꽤 책을 많이 읽는 편입니다. 유튜브를 필두로 한 영상의 시대라고 하지만 여전히 활자가 주는 매력과 책의 사색 효과를 감안하면, 저는 왠만하면 어떤 주제에 대해 생각할 때는 휴대폰을 열기보다 도서관으로 향합니다.

그래서일까요, 주변에서 책을 냈다는 지인들에게 꽤 혹

평했던 기억이 있습니다. 저 자신은 책을 내지 않았으면 서, 책을 쓰는 어려움에 관해 함부로 조언했던 시절도 있었습니다. 그런데, 이번에 양일옥 작가님에게 추천사 요청을 받으며 이런 내 과거를 반성했습니다.

양 작가님이 얼마나 힘들게 글을 쓰셨는지, 원고를 검토하느라 매일 밤을 새며 산더미처럼 올려놓은 원고지 사진을 페이스북에 올린 모습을 보고는 솔직히 걱정이 되기도 했습니다. 그렇게까지 해서 책을 쓸 일인가? 아니, 대체 책이 뭐라고 저렇게 애를 쓴단 말인가? 그런데 이번에 탈고한 원고를 보고서 이런 내 잘못된 생각도 바뀌었습니다.
책에 모든 걸 쏟아부으려 노력했다는 건 이런 거구나. 아, 본업을 젖혀두고 집필에 몰두한다는 건 저런 거구나... 집필에 몰두하는 양 작가님의 모습은 멋졌고, 저도 언젠가 책을 쓰게 된다면 저렇게 깊이 몰입해서 쓰리라, 결심했습니다.

자기 자신을 직면하며 글을 쓰는 여자

요즘처럼 책이 안 팔리는 시대에, 첫 번째 책으로 베스트셀러 작가를 꿈꾸는 이가 몇이나 될까요. 솔직히 책이 몇 권 팔리느냐는 두 번째 문제입니다. 이 책은 단 한명의 독자에게라도 도움이 되고 희망이 되었으면 좋겠다는 양일옥 작가님의 진심이 보입니다. 자기 자신을 직면하며 글을 써내려가는 행위 자체가 숭고하고, 멋지게 느껴집니다. 너도 나도 책을 내는 시대라고 하지만, 책 내용에 자신의 영혼을 담아서 모든 걸 쏟아부은 이가 몇이나 될지 생각해볼 일입니다.

그런 면에서, 양 작가님의 이 책 '휴먼 레버리지'를 읽고 나니, 책 한 권이 아니라 한 사람을 깊이 사귄 것 같은 기분입니다. 양일옥이라는 한 사람의 내면을 구석구석 알게 된 느낌이랄까요... 이 책은 인맥에 관한 책이지만 한 성공한 사람의 고백록으로 읽혀도 이상하지 않습니다. 그만큼 진솔하고 허심탄회하게 성공한 여성의 삶을 사는 게 어떤 것인지를 책으로 엮어낸 양 작가님께 가슴 깊이

응원을 보냅니다. 아마도, 그와 같은 커리어를 가진 여성이 이렇게 겸손하게 책을 쓰기는 결코 쉽지 않으리라고 생각합니다.

책을 읽고 저는 비로소 휴대폰 속 전화번호부 목록을 훑게 됩니다. 이 중에서 작가님이 말한 '휴먼 레버리지'가 될 만한 사람은 몇 이나 될지 세어보니, 손가락을 꼽게 됩니다.
아, 지난 삶을 잘 살았다고 말할 자신이 점점 없어지네요. 하지만, 괜찮습니다. 언제나 그렇듯, 인생은 지금부터가 중요하니 말입니다. 이 책 '휴먼 레버리지'를 안 덕분에, 저는 앞으로 제 삶을 더욱 기대하게 되었습니다. 사람과 관계의 소중함을 일깨워준 양일옥 작가님 덕분에, 삶이 더 풍요로워질 것 같습니다. 그리고 제가 경험했듯, 이 책을 읽는 독자들의 삶도 그렇듯 달라지길 진심으로 기원합니다.

변호사 김경은
(법률사무소 인의 대표변호사)

프롤로그

평범한 사람들이 결코 1급 인맥수를 얻지 못하는 이유

먼저 질문입니다.

당신은 몸이 아프면 도와줄 사람이 있나요? 돈이 없으면 빌려줄 사람은?

혹시 위기에 처하면 도와줄 만한 전문가가 있나요?

혹시 휴대폰 전화번호부에 100명 넘게 저장되어 있는데,

이 중에서 1년에 한 번도 연락 안 하는 사람이 99%는 아닌가요?

부자들과 성공한 사람들은 모두 어떤 상황에서도 도움을 받을 수 있는 파워 인맥이 있습니다. 그들은 절대 많은 사람들과 교류하지 않죠. 자신에게 정확히 도움을 줄 수 있는 사람들 하고만 지내요.
이들이 원래 돈이 많아서 그럴까요?
타고나길 인맥 부자라서? 아니에요.
그들은 휴먼 레버리지, 그러니까 인맥이라는 지렛대를 적절히 사용할 줄 알기 때문에 그래요.

우리는 아침에 일어나 잠자리에 들기까지 수많은 사람을 만나고 있어요.
동네 수퍼마켓에 갈 때도, 식사하러 갈때도, 은행에 가서도 여러 사람을 접하게 되죠.
우리 모두는 다양한 환경에서 생활하고 있고, 즉 이 세상은 혼자 살아가고 있지 않다는 증거이기도 하겠죠.

끊임없이 누군가와 관계를 맺고 정보교류를 합니다.

인생은 누구와 인맥을 맺느냐에 따라 달라질수 있어요. 더욱이 지금 어떤 사업, 새로운 기회를 탐색하는 당신이라면 더욱 그러합니다. 전 어떤 관계를 누구와 맺든지 유익한 관계를 좋아합니다.

유익한 관계란 무엇일까요? 바로 서로에게 도움이 되는 관계를 말해요.

유익한 사람과 관계를 맺는 것이 계산적이라고 생각할 수도 있지만 사람들은 사회에서 자신의 위치를 지속적으로 모니터링하는 사회적 계산기를 가지고 있어요.

세상의 모든 인간관계는 냉정하게 말하면 이해타산이 전제되어 있죠.

"어떻게 인간관계를 손익으로 계산할 수 있어요? 너무 계산적인 것 아닌가요?"

이렇게 반문하는 사람도 있을 거예요. 흔히 '계산적'이라고 하면 부정적인 뉘앙스로 해석되지만, 저는 인간관계에서는 어느 정도의 올바른 이해타산은 필요하다고 생각해요. 이걸 경시하는 사람일수록 이해타산의 노예가 될 가능성이 높아요.

인맥은 돈이 있어야 만들 수 있다?

나는 재능도, 돈도 없어서 인맥이 없는 거라고요? 그렇지 않을 거예요.
아마 당신은 노력하지 않거나 요령을 몰라서 주변에 사람이 없는 걸 거예요.
이 책에서 말할 '휴먼 레버리지' 기법을 알면 당신 주변에도 능력자들이 득실거리기 시작할 거예요

말발이 약하다고요? 혹은 낯 가린다고요? 걱정 마세요. 중요한 건 그게 아니기 때문이에요

부자들 중에서 숫기가 없거나 내성적인 사람들이 오히려 파워 인맥이 더 강력해요. 그들은 수중에 돈이 한 푼도 없어도 언제든, 필요할 때마다 요청하면 도움을 받을 수

있죠. 그들 주변에는 실력 있는 변호사, 사업가, 의사가 득실대고, 하다못해 동네 있는 카센터에나 식당에 가도 그들이 가면 이유 없이 잘해주고, 서비스도 팍팍 준다니까요.

대체 그 비밀이 무엇인지 궁금하지 않으세요?

저는 땅끝마을 해남에서 나고 자란 평범한 여자예요. 그러나 그동안 이름만 대면 알 수 있는 사업가, 정치인, 언론인 전문가들을 인맥으로 삼았고 그들은 한 달에 한 번씩은 꼭 내게 연락이 오죠. 저는 이미 돈을 벌만큼 벌었지만, 내가 오늘 0원이 된다고 해도 나는 그들의 도움으로 15억을 만들 자신이 있어요.

제가 특별해서 그렇다고요? 그렇지 않아요. 원리만 알면 되죠. 평범한 사람도, 평범한 인맥으로 성공과 행복을 거머쥐는 법, 바로 휴먼 레버리지에 그 비밀이 있습니다.

프롤로그

인맥의 기술 1.

상위 10%의 인맥 자원을 축적하라.

인맥은 타고난 것이 아니라
노력에 의해서 만들어집니다.
인맥 자원의 축적은
사소한 한 번의 만남에서 시작됩니다.
지금부터 인맥 축적의 방법을 찾아드립니다.

어떻게
시골 촌동네 여자가
인맥의 여왕이
되었을까

저는 날 때부터 인복을 타고난 건 아니었어요.
왜냐고요? 제가 태어난 곳은 대한민국, 그중에서도 전라남도 해남의 끝에 있는 남창 마을입니다. 시골 촌이죠? 그러니까 저는 대한민국 맨 끝 중의 끄트머리에서 태어난, 시골 여자인 셈이죠.

어릴 때부터 저는 남자아이처럼 씩씩하다는 말을 많이 들었어요.
또래들이 수줍어하면서 남자애들과 말도 못 붙였다면,

저는 남자애들하고도 잘 놀고, 여자애들하고도 잘 노는 그야말로 남자 같은 여자애로 동네에서 유명했죠.

지금 생각해보면 붙임성 이라는 것은 자라면서 자연스럽게 몸에 배는 것 같아요. 물론 아버지가 지역 토박이라서 마을 사람들에게 일찍 눈에 띈 것도 한 몫 했죠.

일찍이 외국을 경험했던 나

제 성격 자체가 오지랖이 넓은 것도 있겠지만, 어쨌든 제가 시골에서 남 눈치 안 보고 자란 덕분에 오늘날 제가 있게 된 것 같아요.

게다가 워낙 성격이 활동적이라서인지 시골에서 성장했어도 그안에서만 머물고 싶진 않더라구요. 도시로 올라와 고등학교를 졸업하고, 바로 일본 유학을 떠났죠.

그때 저는 일본에 아는 사람이라곤 아무도 없었어요. 인맥이 그야말로 제로였죠. 하지만 저는 무섭지가 않았어요. 어릴 때부터 집에 사람이 자주 들락거려서 그런지 외부인에 대한 경계심이 없었고, 오히려 사람 욕심이 더 많았던 것 같아요.

일본에 이어 머물렀던 호주도 그랬고 영국생활도 마찬가지였습니다.
그렇게 저는 20대를 온통 일본, 호주, 영국등 해외에서 보냈어요.
이렇게 오랜 기간 해외에 살면서 어린 나이에 얼마나 외로움이 컸겠어요?
그때 자연스럽게 생존 인맥기술이 발휘되기 시작합니다.

●첫 번째 인맥의 요소

집안 어른들이 많았다

어릴 때 집에 사람이 자주 드나들었던 사람이라면, 인맥을 키울 그릇이 이미 준비된 상태입니다. 친척들이 많거나 집에 식구가 많았던 사람들이라면 준비된 '사수'라고 보면 되죠.

가는 곳마다 내 편으로 만들기

그런데 그 낯선 타국에서 제가 어떻게 10년 정도를 버텼을까요?

너무 간단해요. 저는 가는 곳마다 만나는 사람을 제 편으로 만들었거든요.

제가 아르바이트를 했던 가게 사장님, 세들어 살았던 집 주인, 자주 가던 슈퍼마켓 할머니...등등 참 많은 분들을 제 친구로 만들었어요.

어느 곳이든 제가 머물던 곳이라면 한 달 이내에 그 동네 사람들은 전부다 제 친구가 될 수밖에 없었죠.

사람들은 제가 워낙 붙임성이 좋고, 타고나길 친화적이라서 금새 사람을 사귄대요.

저더러 툭하면 하는 말이, "너는 좋겠다. 그렇게 성격이 밝고 쾌활해서 사람을 잘 사귀어서..."이거든요.

마치 제가 어떤 요령을 타고 나서 매번 사람을 자석처럼 끌어들인다는 식인데... 사실 이건 틀린 얘기라고 생각해요.
왜냐하면 저는 사람 욕심이 많지만, 사실 이 욕심을 키우기 위해 정말 누구보다 노력해왔고, 지금도 노력하고 있거든요.

제가 외국에서 10년 정도를 버틸 수 있었던 원동력, 누군가 그게 뭐냐고 물어본다면 저는 '노력'이라고 말할 것 같아요.

유학시절 외국인 친구들과 함께. 낯선 환경에서도 최대한 많은 외국인 친구를 사귀어두면 '생존'에 문제가 없습니다.

사람들이
알고 있던 봉사와는
조금 '다른 봉사'

그래서 어떤 노력인데?

이렇게 물으신다면 참 애매하네요. 인맥을 쌓기 위한 노력을 말로 표현하고, 더군다나 글로 정리하려니까 어디서부터 설명해야 할지 막막하기도 하고요. 물론 저는 나름대로 정리해둔 '인맥의 기술'이 있지만, 일단 여기서는 딱 한 가지 부분만 먼저 말씀드리고 싶네요.

바로 '봉사'입니다.

여러분은 봉사를 좋아하세요?

봉사를 싫어하는 사람은 많지 않을 겁니다. 그러나 봉사를 실천하는 사람은 많지 않습니다.

봉사는 남을 위해 내 시간을 쓰고, 내 돈을 쓰는, 그러니까 나한테 손해만 생기는 활동이라고 다들 여기니까요.

하지만 저에게 있어 봉사는 결과적으로 나를 기쁘게 하는 원천이었어요. 제가 무슨 거창한 사명을 가지고 태어난 것도 아닌데 말이에요. 봉사는 그런 희아한 힘을 가지고 있어요.

누가 저한테 취미가 무엇이냐고 물으면, 봉사하는 것이라고 말합니다.

외국에서도, 그리고 다시 한국에 귀국해서도 제가 가장 먼저 한 활동이 바로 '봉사'예요. 사람의 마음을 아무 조건 없이 얻는 방법, 여러분은 이것이 궁금해서 이 책을 집어 드신 걸테지요.

그러니까 제가 결론을 바로 말씀드릴게요. 다른 사람을 위해 '봉사'하세요.

봉사는 세상에서 가장 값진 투자

제가 했던 것처럼 어느 봉사단체에 들어가는 것도 좋겠지만, 그게 익숙치 않다면 아주 작은 일상의 봉사라도 좋습니다.

예를 들어서 오늘 내가 일하는 일터에서 내가 누군가 하기 싫어하는 일 한 가지라도 대신 해주는 거예요.

"그게 무슨 봉사예요?"

맞아요. 바로 그거예요. 사람을 얻는 방법 중 하나는 내가 다른 사람에게 '만만하게' 보이는 것입니다. 그리고 봉사는, 내가 다른 사람에게 만만하게 보일 수 있는 가장 좋은 기회고요.

얼레? 분명히 인맥을 활용해서 성공하는 법을 알려준다고 하면서 갑자기 왠 낯간지러운 얘기를 하냐고요?

사람들은 성공의 비법이 세련되고, 그럴싸하게, 내가 빛이 나는 과정이라고 흔히 생각해요.

하지만 제 경험상 성공은 끊임없는 베풂의 연속이에요.

내가 다른 사람에게 끊임없이 무언가를 해줄 수 있는 것, 그러려면 내가 이미 남에게 무언가 줄 것이 있어야 하고, 성공한 상태여야 하죠.

쉽게 말해 내가 가난하고 가진 게 없으면 다른 사람에게 봉사를 할 수가 없잖아요. 그러니까 봉사를 한다는 것은, 이미 내가 다른 사람에게 줄 게 있는 상태, 즉 풍요롭고 부자인 상태에서 출발을 한다는 거예요.

이건 굉장히 중요한 힌트니까 나중에 다시 한 번 자세히 설명하도록 할게요.

수만 명이 저장된 전화번호부

아무튼, 이렇게 꾸준히 봉사를 하면서 몇 십년을 살아온 결과 제 전화번호부 안에는 수만명의 사람들이 저장되어 있죠.

그 사람들은 단지 연락처 목록을 채우기 위한 쇼윈도 친구들이 아니에요. 많게는 일주일에 한 번, 아무리 못해도 한 달에 한 번은 연락해서 서로에게 무언가를 주고 받는, 가치가 끊임없이 순환되는 관계로 이어지고 있죠.

그것도 몇 년째 말이죠.

제 휴대폰에는 소통이 가능한
26,927명의 전화번호가 저장되어 있습니다.

> **두 번째 인맥의 요소**

사소한 연락에도 모두 성실하게 답을 한다

그러니 제 휴대폰은 거의 1분에 한 번 꼴로 누군가의 연락이 옵니다. 식사 제안 같은 가벼운 연락부터 사업 제안, 투자 권유, 세미나 참석 등 각계각층의 사람들에게 연락이 오죠. 저는 아무리 바빠도 이 연락에 모두 답장을 해줍니다.

대체 이렇게 분주하게 사람들과 연락을 주고 받는 게 무슨 의미가 있냐고요?

이것이 바로 인적 자본이기 때문이에요. 이것이 바로 통장 잔고보다 두둑한 저의 자산이죠. 언제든지 전화를 걸면 마중나와줄 친구, 숙소를 제공해줄 지인, 밥을 사줄 선배, 자금을 빌려줄 자본가 등 저는 이 전화번호부에 있는 분들만 있어도 아무 일 하지 않고도 평생 편안하게 인생을 살아갈 수 있습니다.

변호사, 의사, 사업가, 방송인 등 언제든지 제가 일상생활에 필요한 도움을 요청하면 즉시 도움을 줄 각계각층의 전문직 친구들도 많습니다.
그러니 이러한 막강한 인맥 네트워크를 돈으로 환산할 수 있을까요?

저는 그 이상의 가치가 있다고 믿는 걸요.

모든 인맥은 사소한 한 번의 만남에서 시작된다.

제가 방금 전에 봉사를 하라고 했잖아요.
그리고 봉사는 일상 생활의 단순한 봉사도 좋은데 왠만하면 새로운 분야의 사람들과 접점을 만드는 게 좋아요.

매일 회사나 집에서 만나는 사람들은, 우리 삶에 이미 자리를 잡은 사람들이잖아요. 그 사람들은 이미 내 삶의 한 부분을 이루고 있고요.

그런데 이 책을 읽는 분들은 변화를 간절히 바랄 거예요. 그리고 그 변화의 계기가 될 새로운 만남은, 대부분 새로운 접점을 통해서 만들어지는 경우가 많습니다. 저 역시 그랬고요.

자연스럽게 인맥을 쌓는 법

제가 추천하는 봉사의 방식은 여러 대회와 모임에 참석해보는 거예요. 저만 하더라도 그 동안 셀 수 없는 모임과 행사에서 봉사를 해왔고, 지금도 꾸준히 참여를 하고 있습니다. 제가 참석했던 행사의 목록을 잠시 떠올려 보면,

시 자원봉사센터, 명예기자단, 의정모니터단, 외국어 문화관광해설사, 신문사 오늘의 회화 연재, 광주교통방송국 고정 출연, 119센터 3자통역, 광주하계유니버시아드, 광주디자인 비엔날레, 전국체전, 김치박람회, 광엑스포, 국제실버박람회, 기업체 일본어 강의, 도심철도 폐선부지 푸른길공원 미니 FM 라디오 MC 활동 등등...

봉사활동 당시 가지고 다녔던 이름표들. 영광의 기록이네요.

이렇게나 많습니다. 어떻게 저런 많은 활동하느냐고요? 사람 욕심을 내고 조금만 부지런하게 살면 가능합니다. 시간은 원래 쪼개라고 있는 거거든요.

어쩌면 이 방식이 여러분이 알고 있는 상식과는 다를 수 있어요. 보통 저처럼 인맥 부자인 사람들은 어디를 가냐면 '조찬 모임'이나, 부자 세미나에 가거든요. 물론 저도 그런 모임에 참석하죠.

하지만 방금 말한 모임들의 단점이 있어요.
바로 '목표가 뚜렷한' 모임이라는 거예요.

목표가 뚜렷한 모임의 단점

여러분이 조찬 모임에 가서 누군가와 명함을 주고 받는다고 해볼게요.
그러면 이렇게 명함을 주고 받는 목적이 뭔가요?
당연히 서로 필요할 때 도움을 받기 위해서예요.
일면식도 없지만 같은 목적을 가진 사람들끼리의 주고 받기 Give and Take가 되는 거죠. 이걸 뭐라고 탓할 건 아닌데 사실 이런 관계는 어떤 인간적 기반도 없이 이해 득실을 따라서 이뤄지고 와해될 수 있는 관계라서 튼튼하다고 볼 순 없어요.

실제로 저 역시 이런 조찬 모임이나 부자 세미나에서 알게 되어 아무런 교류 없이 명함만 주고 받은 사람들은, 며칠 지나지 않아 기억에서 사라지거나 실제 교류를 몇 번 하더라도 몇 달 뒤에는 흐지부지 되어 서로 연락을 하지 않게 되는 경우가 더 많았거든요.

그런데 아까 말한 봉사 단체에서 활동하면요.

여러분들이 의도를 갖고 만나려고 했던 사람들과 자연스럽게 더 친해질 수 있어요.
봉사단체에서 활동하는 사람들이라고 하면 활동가나 자원봉사자를 떠올리시죠? 그리고 그런 분들은 나에게 아무런 득이 되지 않는다고 생각할 수도 있어요.

하지만 저처럼 여러 개의 명함을 가지고 다니면서 봉사 단체에서 활동하는 사람들 중에는 의외로 꽤 유명한 분들이 많이 있어요.

이를 테면 사업가, 대학교수, 의사, 변호사, 등이 참여를 하죠. 이들은 상식적으로는 누구보다 바쁜 사람들이고, 시간에 쫓겨 사는 사람들처럼 보여도 대가 없이 남에게 봉사를 함으로써 나에게 돌아올 보이지 않는 결실을 잘 알기 때문에 시간을 쪼개어서 이런 봉사 모임에 참여하는 거예요.

언론에 소개된 봉사 활동 기사. 조용히 활동했지만 꾸준히 봉사하면서 언론에서 먼저 저를 알아봐주었죠.

그리고 더욱 중요한 사실은, 이렇게 너무나도 바쁜 시간을 쪼개서 봉사모임에 참여하는 사람들은 서로 빠르게 친구가 된다는 사실입니다.

봉사를 통해 1급수 인맥을 만든다

놀랍지 않나요? 내가 사귀려고 그토록 애를 썼던 부자들, 유명한 사람들, 전문직 종사자들이 이런 비영리활동을 통해서 알게 된다는 것이. 저는 이 비밀을 안 직후부터 오히려 더 시간을 내어서 봉사 모임에 참여하게 되더라구요.

물론 그렇다고 이런 분들과 사귀기 위한 목적으로 봉사를 하는 건 결코 아닙니다. 봉사는 절대 인맥쌓기 용으로 참석하는 활동이 아니거든요.

다만, 이렇게 조건 없이 남에게 베푸는 활동을 통해 나에게 돌아오는 선물이 있다면, 바로 이렇게 내가 평소에 만나고 싶고 사귀고 싶은 사람들과 친해질 수 있는 특권이라고 생각해요.

+세 번째 인맥의 요소

대가 없이 봉사에 참여한다.

아무런 계산과 의도 없이 타인에게 베풀 수 있는 사람은 오히려 그 이상의 가치를 돌려받게 됩니다.

외국어 통역봉사, 문화해설사... 봉사에 빠진 삶

제가 처음 봉사를 하게 된 계기는 시 자원봉사센터였습니다.
유학경험을 살려서 자원봉사센터 외국어봉사단에서 활동을 했죠.

자원봉사센터에서 봉사활동을 하면서 또 주말에는 외국어 문화관광해설사로도 활동을 했어요. 사람들은 저에게 "어떻게 그많은 봉사를 다 할 수 있느냐"고 하지만 저는 전혀 피곤하지도, 또 바쁘지도 않았어요. 오히려 매일 바쁜 봉사 스케줄을 소화하면서도 싱글벙글이었죠.

사람이 그렇잖아요. 자기가 좋아서 하는 일은 아무리 힘들고 어려워도 즐겁게 해내죠. 반면 죽어도 하기 싫은 일은 돈을 준다고 해도 잘 안 하게 되는 게 사람 마음이라죠. 그런 의미에서 저는 봉사를 즐거운 마음으로 했기 때문에 상대방에게 아무 대가를 바라지 않고 주었던 것 같아요.

하지만 저도 제가 왜 이렇게 봉사에 몰입하는지 모르겠어요. 다만, 분명한 것은 봉사를 하면 할수록 빠져 드는 묘한 매력을 가지고 있다는 거예요.

동네 어르신들께 말동무를 해드리면서 친구처럼 지냈어요.

미혼 여자가 주부기자단에 들어간 이유

그리고 또 시간을 쪼개서 시 주부명예기자단 활동까지 했어요. "어째서 미혼인 여자가 주부기자단에 들어오려고 하세요?"

결혼을 하지 않은 여자가 주부기자단에서 활동하겠다니, 당시 담당자는 의아해하면서 안된다고 하셨어요.

그럴 법도 했지요. 이름 그대로 주부기자단 모집이였으니까요.

그런데 저는 봉사에는 미혼, 기혼을 따질 일이 아니라고 생각했어요. 여성합창단이라면 남자가 들어가면 안 되겠지만, 주부기자단에 미혼 여성이 들어간다고 그게 금지할 일일까요?

"주부기자단은 봉사단체이니까 시민이라면 누구나 지역을 알리는 기자로 활동할 수 있는 것 아닌가요?"

결국 주부가 아님에도 주부명예기자단으로 가입할 수 있었습니다.

이렇게 전 봉사하고 싶은곳이 있다면 적극적인 자세로 도전했습니다.

이런 봉사활동이 인맥에 무슨 도움이 될 것이냐, 열심히 하더라도 주부 친구들 몇 명 더 생기는 것 뿐 아니냐, 이렇게 생각하실지도 모르겠네요. 하지만 이것은 하나만 알고 둘은 모르는 것입니다.

봉사활동을 하면 이웃들과 더 친해지더라구요.

여러기관에서 봉사활동을 하다보면 우선 관공서같은 기관을 자주 드나들게 됩니다.
그러다보니 기업체, 법원, 방송국, 경찰서, 상공회의소 등 여러 실무자들과 어울리게 되죠.. 그렇게 자연스럽게 지역 기업가들과 친해지게 되고, 또 이 분들의 도움으로 또 다른 인맥의 기회를 얻게 됩니다.

저 역시 당시에는 이게 저에게 어떤 도움이 될지 알지 못했습니다.
단지 좋은 사람들과 만나 나누면서 함께 즐겁게 봉사를 했을 뿐이니까요.
하지만 이때의 봉사의 경험들은 추후에 제가 정치인으로 당선되는 데 많은 기여를 하게 됩니다.

자, 여기서 잠시 주목하셔야 할 점이 있습니다.

저는 이런 활동을 하면서 절대 함부로 나서지 않았다는 것입니다. 제가 인맥을 얻기 위해, 저를 돋보이게 하기 위해 다른 사람들보다 더 많이 말을 하고, 더 많은 행동을 해서 제 주변에 인맥이 많이 쌓이게 된 게 아닙니다.

정말 다시 말하지만, 절대로 그렇지 않습니다.

조용하게
듣는 사람이
더욱 주목받는
이유

저는 오히려 말을 하는 쪽보다 오히려 듣는 쪽에 가까웠습니다.

물론 저 역시 워낙 타고나기를 사회성이 뛰어났지만, 제가 말하고 저를 내세우기보다는 주변 이들을 조용히 챙겨주면서, 궂은 일을 마다하지 않았고 봉사할 때는 꼭 참석하고 언제나 웃으려고 했죠.

그러다보니 자연스럽게 사람들 눈에 띄었어요.

나이가 지긋하신 분들 사이에 예쁘고 젊은데다 유학파인 전 당연히 눈에 띌 수밖에 없었고, 자연스럽게 저를 궁금해 하시면서 저에게 먼저 다가오는 분들이 생겼죠.

이것이 계기가 되어 지역에서 유력 인맥을 빠르게 만들 수 있었습니다.

보통 이렇게 잘 나가는 사람이 보이면 주변 이들은 시기를 하게 마련입니다. 더욱이 이런 봉사단에서 활동하는 분들이 누구인가요.

그러나 저보다 먼저 봉사를 했던 분들은 제가 나중에 주목을 받았을 때도 절대 시기하지 않았어요. 왜냐하면 제가 오랫동안 말없이 봉사에 임했는지를 알았기 때문이죠. 제가 그만큼 기본에 충실했음을 인정해주는 것입니다.

내가 먼저 져주기

만약 제가 봉사 초기에, 저 잘 났다고 여기 저기 나서기만 했다면 제가 이런 인맥을 쌓는 데 주변 분들이 '태클'을 걸지 않았을까요?

그러니까 중요한 것은 어떤 모임에 가든 일단 먼저 내가 져주는는 것입니다. 여기서 져주는 것은 돋보이려 하지 않는다는 거예요.
다른 사람이 하기 싫어하는 일은 먼저 하고, 남들이 좋아하는 건 남에게 먼저 양보하는 이런 생활을 1년만 해보세요.

그러면 아무리 텃새가 심한 곳에 가더라도, 여러분은 무조건 인정을 받을 수 있습니다. 정말이에요. 제 말대로 해보고 안 되면 저한테 연락주세요.

※ 네 번째 인맥의 요소

눈에 띄지 않게 조용히 1년만 활동한다.

나서고 더 주목받으려 하기보다 1년 동안 다른 사람을 섬기면 결과적으로 주변의 모든 사람을 내 편으로 만들고, 길게 보면 나를 더욱 다른 사람들 눈에 띄게 만들 수 있습니다.

봉사의 첫 번째 기적:

조건없이 도우면
배가 되어 돌아온다

이렇게 인맥을 쌓은 게 구체적으로 저에게 어떤 도움이 되었는지 궁금하시죠?

"인맥을 쌓아서, 유명한 사람을 알게 되어서 그래서 뭐, 인생에 어떤 도움이 되었는데요?"

저도 처음부터 뭔가 대가를 바라고 시작한 건 아니었어요. 당시 제가 영어학원을 운영하고 있었는데, 그때 결손가정의 어르신들이 손주손녀를 홀로 돌보고 계신 걸 보고 그 아이들에게 조금이라도 도움이 되자는 생각을 했어요.

그리고 그 아이들에게 무료로 공부를 가르쳐주면서 영어학원이 조금씩 주변에 알려지게 되었죠.

그때도 제 봉사가 어떤 대가가 되어서 돌아올 거란 생각은 전혀 하지 않았어요. 하지만 저의 봉사활동을 주변에서 먼저 알아봐주시고 좋은 기회를 주신 셈이죠.

제가 자원봉사센터에서 꽤 오래 봉사를 하고 있으니까 주변에서 보기에는 그런 제가 꽤 신기했나봐요. 그럴 수밖에 없는 게 봉사를 했다고 티를 내지도 않고, 말없이 꾸준히 봉사를 하고 있으니 눈 밝은 분들에게는 제가 참 예뻐보였나봐요.

그런 저를 취재해서 지역신문에 기사가 나오게 되고, 그때 이 기사를 읽은 분들께서 저에게 연락을 참 많이 주셨습니다.
기사를 통해 제가 영어학원을 운영한다는 것도 밝혀지게 되었고, 그 다음은... 제가 말씀드리지 않아도 짐작하시죠? 저희 학원에 아이를 보내고 싶다는 분들의 연락이 쇄도했습니다.

꼬리에 꼬리를 문 인연

물론 저는 이것을 결코 의도하지 않았어요. 영어학원을 잘 되게 하려고 일부러 봉사한 건 아니었어요. 하지만 '결과적'으로 저에게 봉사는 영어학원이 잘 되게 한 원동력이 되었습니다.

그 이후로도 학원이 너무 잘 됐어요.

하지만 저는 이것을 매출 향상의 기회로 본 게 아니라, 사회적 책임을 조금 더 무겁게 생각한 계기로 여기게 되었어요. 언론에서 처음 저라는 사람을 주목해주었고, 지역 주민들이 저를 믿고 아이들을 학원에 보냈으니 제 양어깨는 더욱 무거워진 거죠.

봉사라는 게 이런 식으로 기회를 열어줍니다. 또 다른 사례 하나를 말씀드려볼께요.

당시 저는 학원을 운영하며 아이들을 가르치는 일을 했습니다. 그러나 이 또한 봉사와 연결하니 사업이 잘 되더군요.

봉사의 두 번째 기적:

봉사를 통한 인연으로 영어프랜차이즈 지사장을 맡게되다.

시 자원봉사박람회의 행사가 있었던 날이었어요. 이 행사는 자원봉사자의 활동을 알리고 시민들에게 자원봉사참여를 유도하는 활동이죠.

저는 당시 외국어봉사단에서 활동했는데 이때 한 부스를 맡게 되었고 어떻게 시민들에게 무료로 외국어 체험을 할 수 있게 할 수 있을까 고민했어요. 그리고는 어느 영어 프랜차이즈 회사 지사장에게 "의미있는 일에 참여해보시겠어요?" 하고 제안을 해봤죠.

부스를 무료로 사용하면서 영어프랜차이즈 프로그램도 시민들에게 사용하게 하면서 사회참여활동을 해보라고 권유했던 거예요.

보통 이런 상황에서 여러분이 그 지사장님이라면 어떻게 반응하실까요? 당연히 좋다고 하죠! 내 사업을 홍보도 하고 좋은 일에 동참하는 거니까요. 그리고 역시 그 지사장님의 반응도 제 예상과 같았어요.

오히려 뭔가 사회에 좋은일에 참여해보고 싶었는데 좋은 기회를 줘서 고맙다고까지 하더군요. 이것도 봉사의 마법이죠.

그 인연으로 그 영어 프랜차이즈 회사 지사장과 더 가까이 지내게 되었습니다.

그러던 어느날 그 프랜차이즈 지사장이 개인 사정으로 프랜차이즈 지사를 운영할 수 없게 되었다는 소식을 들었어요.

그 지사장님은 뜬금없이 저에게 영어프랜차이즈 사업을 해보겠냐고 제안하시더군요.

"일옥 씨라면 잘할 수 있을 것 같아요. 남을 도와주려는 마음으로 우리 가맹점사업을 일으켜세워주세요."

저로서는 참 당황스러운 제안이었지만, 한 편으로는 좋은 기회이기도 했습니다. 당시는 한참 영어 프랜차이즈 사업이 왕성할 때이고 이런 영어프랜차이즈 지사장자리는 아는 사람끼리만 인수인계가 되는 상황이었거든요.

그렇게 우연한 인연으로 인해, 그저 조그마한 학원 원장이였던 제가 영어프랜차이즈 광주 지사권이라는 큰 권한을 갖게 된 거예요. 이것 또한 봉사가 저에게 준 선물이라고 해야겠죠.

봉사의 세 번째 기적:
기업 통역 일이 쏟아지다

시 자원봉사센터에서 외국어 봉사단으로 활동할 때의 일입니다. 저는 어느 단체를 가든 제가 무슨 일을 하고 싶다고, "저는 이 일을 주세요"하고 말하는 스타일이 아닙니다. 그냥 주어진 일이 무엇이든, 우선 묵묵히 하는 게 바로 제 스타일이죠.

그때 당시 센터에서 저에게 주어진 역할은 총무였는데요. 총무를 하다보니 센터와 봉사자들과의 가교역할을 하게 되었고, 많은 사람들과 친밀해질 수 있었어요.

저는 모임에서 여러 업무를 담당하는 총무를 한 번 해보라고 권하고 싶네요. 기왕에 봉사할거라면 직책을 하나 맡게 되면 더 많은 책임감이 생기거든요. 그 덕에 열심히 봉사활동도 할 수 있고요.

그렇게 저 역시 봉사하는 즐거움에 빠져서 각종 행사에 참여를 했어요.
그런데 어느 날 센터에서 일하시는 관리자께서 저에게 이런 제안을 하는 거예요.

"일옥 씨 혹시 기업체에서 통역해줄 사람을 찾고 있는데 한 번 도전해보지 않을래요?"

보통 이런 제안을 받으면 페이는 얼마인지, 조건은 무엇인지 묻는 분들도 많을 겁니다. 저는 아무 것도 묻지 않고 일단 "해볼게요"라고 대답했어요.
그게 봉사를 하라는 건지, 아니면 돈을 받고 통역하라는 건지 전혀 모르고요.

물론 내용은 봉사였습니다.
저는 상관이 없었어요.

어차피 기업봉사나 센터 봉사나 봉사의 맥락은 매한가지가 아닌가요. 그런데 그렇게 기업 통역봉사를 하고 있으니 이번에도 지역신문에 이 내용이 소개됩니다.

그 이후에는 무슨 일이 또 생겼을까요?

저에게 통역 일을 맡기고 싶다는 의뢰가 물밀 듯이 들어오게 됩니다.
정말, 제가 의도하지 않았는데도 말이죠. 그 이후로도 신문사에서 오늘의 회화 연재, 또 라디오방송국 고정출연을 하는 등 좋은 일들이 참 많이 생겼어요.

광주하계유니버시아드 대회 참석 당시 자원봉사자 대표로 선서를 하는 모습

세상은 단순하게 돌아간다

이런 일을 겪고 보면 세상 일은 참 단순하게 돌아간다는 생각이 듭니다. 무엇이냐고요? 바로 뿌린 대로 거둔다라는 것이죠. 봉사처럼 먼저 내가 남에게 무언가를 주면, 이 세상 역시 나에게 어떤 형태로든 그 대가를 반드시

돌려주고, 그 대가는 뿌린 것보다 훨씬 클 때도 많다, 라는 거예요. 어느 정도냐고요? 제가 보기엔 10배를 뿌리면 100배로 돌아오는 것 같아요. 그만큼 봉사의 힘은 위대하고, 또 신비로운 것입니다. 그러니 인맥을 쌓으려는 분들이라면 반드시 이 봉사의 단계를 거치시면 좋을 듯해요.

인맥왕이 말하는 휴먼레버리지의 기술!

모든 인맥은 사소한 한 번의 만남에서 시작된다.
봉사를 통하여 1급수 인맥을 만든다.

나서고 더 주목받으려 하기보다 내가 먼저 져주면서 눈에 띄지 않게 조용히 다른 사람을 섬겼다. 조건없이 도우면 배가 되어 돌아온다.

잘 하는 것을 살려 봉사를 하다보면 기적이 일어난다. 이왕 할 봉사라면 총무 같은 직책을 하나 맡으면 책임감이 생겨 더 적극적으로 참여할 수 있다.

인맥의 기술 2.

누구든
내 사람으로 만드는
'휴먼 네트워킹'의
시작

○ ○ ○ ○ ○ ○ ○ ○ ○ ○ ○ ○ ○ ○ ○

인간관계는 처음부터 딱 맞지
않을 수도 있습니다.
나와 다른 사람도 많을 것입니다.
그러나 같은 사람만 계속 만나다보면
스스로 성장할 수 없습니다.
나와 다른 사람과의 만남을 통해
인맥확장은 물론이고 한 번뿐인 인생에서
더 많은 기회를 잡아보는 것은 어떨까요?

모든 사람을
위아래 없이
대하기

제가 어릴 때 부모님이 자주 하시던 말씀이 있어요. '사람 위에 사람 없고, 사람 밑에 사람 없다'는 얘기입니다. 제가 이 책을 '인맥의 기술'을 주제로 쓰고 있지만 책의 주제로 한 줄로 요약하면 이 말뜻에 고스란히 담겨 있어요.

그러니까 우리가 매일 만나는 수많은 사람 중에서 위아래는 없으니 모두에게 똑같이 친절하게, 마음을 다할 수 있다는 뜻이죠.

간절한 마음을 가진 곳이 '인맥의 장'

저는 만남은 언제 어디서나 이뤄질 수 있다고 생각합니다.

만남이란 가까운 사람부터 소중하게 무엇보다 이 만남에 참가하는 사람이 간절한 마음을 갖고 있는 게 중요해요. 간절한 마음을 갖고 있다면 어디든 그곳이 인맥의 장입니다.

아이가 있다면 유치원 학부모 모임이, 아파트에 살고 있으면 아파트 부녀회에나 관련 모임에 참가하면 됩니다. 이렇게 참가한 모임에서 내가 무슨 대단한 이득을 취하려고만 하지 않는다면, 단언컨대 이는 나중에 나에게 득이 되어 돌아옵니다.

예를 들어서 급한 일로 아이를 맡겨야 할 때, 이웃에게 도움을 받을 수 있으니까요.

하지만 이렇게 도움을 주기 위해서는 평소에 친분을 돈독히 쌓아두는 것이 중요하겠죠. 반대로 누군가 나에게 이런 부탁을 했을 때 마음을 다해 돕는 것도 중요한 부분입니다.

제 말이 무슨 뜻인지 아시겠죠? 누군가에게 도움을 요청하거나 도움을 받을 때는 결코 인색할 필요가 없다는 거예요.

어쩌면 너무 뻔한 얘기처럼 들리실 수 있을 거예요. 그렇지만 제 경험상 세상의 진리는 어렵지 않고 뻔한 내용들에 숨어 있더군요.
이 책에서도 제가 진리라고 생각한 내용을 아주 쉽게 전달해드릴 테니 한 번 일상 속에서 따라해보세요.

식당에서 인맥 쌓기

예를 들어, 만약 오늘 식당에 밥을 먹으러 갔다고 해보죠. 그러면, 문을 열고 들어갔을 때 점원들과 눈이 마주칠 겁니다. 혹은 식당 사장님이 직접 서빙을 하는 곳이면 사장님과 눈이 마주치겠죠.

서비스 교육이 잘 되어 있는 식당은 종원원들이 인사를 먼저 큰 소리로 할 거예요. 보통 우리가 프랜차이즈 식당 같은 데 가면 종업원들이 인사를 하죠.

그런데 간혹 사장님 혼자서 운영하는 작은 식당에 가면 사장님이 바빠서 인사를 제대로 못하시는 경우가 많습니다.

아니면 손님과 눈이 마주쳐도 시큰둥한 사장님들도 있죠.

자, 바로 이런 경우가 중요한 포인트입니다. 내가 먼저 인사를 해보는 거예요. 사장님과 눈이 마주쳤을 때 "안녕

하세요"하고 인사하는 것, 부자 인맥의 기술의 첫 번째 원리는 바로 이 '먼저 인사하기'입니다.

휴먼네트워킹 제1원리: 먼저 인사하기

인사하는 걸 쉽게 생각하는 분들이 있어요. 그 정도는 이미 하고 있다는 분들도 있고요. 하지만 제가 여기서 말씀드리는 인사라는 게 그렇게 '만만한' 건 아니에요. 왜냐하면 그냥 인사만 하는 것보다는 살짝 난이도가 있거든요.

1. 안녕하세요, 하고 큰 소리로 말하기
2. 말할 때 당당하고 자신감 있는 표정으로 상대와 눈맞춤하기
3. 긍정적인 말 덧붙이기(예를 들어, 인상이 좋으시네요)

막상 해보면 알지만, 이 세 가지를 식당에 들어갈 때마다 매번 실천하는 건 쉬운 일이 아닙니다.

제가 아는 지인 중에 식당에 가면 먼저 인사를 하긴 하는데, 쑥쓰러워서 혼잣말처럼 중얼거리는 분이 계세요. 그렇다보니 이쪽에서 먼저 인사를 해도 상대 측은 이 사람이 먼저 인사를 했는지 여부를 잘 모르죠.

그래서 옆에서 보면서 답답해서 제가 "직원이 못 들은 것 같은데요?" 하면 이 분이 하는 말이 "그럴 수도 있죠"예요.
아니, 그러면 이 인사는 누구 좋으라고 하는 거예요.

인사를 해도 상대방은 인사한 줄 모르고, 나는 혼잣말처럼 인사해서 왠지 무안하고... 이렇게 되면 인사를 해도 안 하니만 못한 상황이 되는 거죠.

기왕에 인사를 할 거라면 그래서 당당하게, 큰 소리로 인사를 하면서 눈맞춤을 하는 게 좋아요.
그렇게 하면 뭐가 달라지냐고요?
일단 해보시면 알아요. 그 다음 번 식당 갈 때는 나를 보는 사장님의 눈빛이 달라지고, '서비스(?)'가 달라지니까요.

근데 이렇게 할 땐 주의할 점이 있어요.
상대방을 칭찬을 할 때 절대로 가식으로, 없는 걸 있는 것처럼 억지로 칭찬하면 오히려 역효과가 난다는 거예요.
예를 들어 상대방이 누가 봐도 미인이 아닌데, "어머, 정말 미인이세요"하면 당연히 상대방은 기분이 엄청 나쁘겠죠?

휴먼네트워킹 제2원리: 상대방을 존중하는 마음 갖기
이렇게 존중하는 마음이 바탕이 되면 주문할 때도 절대로 명령조의 말이 나오지 않아요.

"사이다 한 병요!"가 아니라 "사이다 한 번 주실수 있을까요?"하고 청유형으로 말하게 되죠.
한국말은 같은 말이어도 아, 다르고 어, 다른데 이렇게 권유형으로 부탁하는 고객한테 어떤 사장님이 거칠게

대할 수 있을까요? 사람은 다 주는 대로 돌려받게 되어 있습니다.

음식을 다 먹고 나온 뒤에는 꼭 음식에 대해 작은 점 하나라도 칭찬해주세요. 예를 들어,

"사장님, 이번에 밑반찬이 맛깔스러웠어요."
"청국장이 너무 진하고 좋아요."
이런 식으로 말이죠.
설령 음식이 맛이 없어서 남기는 경우에도 센스 있게 대처를 할 수 있죠.
"이번에 양을 왜 이렇게 많이 주셨어요. 다음부터는 한 사람 더 데리고 와야겠어요."

이렇게 대답하면 음식을 맛없게 만들어서 남겼다는 뉘앙스를 싹 없앨 수 있죠. 음식이 맛없는데 억지로 칭찬하기 싫다고요?

그런데 이렇게 생각해보세요. 그 집 음식이 맛없는 건 아마 사장님도 알 거예요. 음식점을 하는 이유가 여러 가지일 텐데 누군가에게는 음식점이 맛보다는 그저 한 끼 식사를 대접하는 영업소인 경우도 있잖아요.

그러니까 어차피 한 끼 채운 것, 불만을 내비치기보다는 상대방을 기분좋게 하는 대답을 해보세요. 누가 알아요? 혹시 내 말 한 마디에 상대방이 감동해 그 집 음식 맛이 어느 날부터 좋아질지 말이죠. 칭찬은 고래도 춤추게 하는 '나비효과'가 있습니다.

휴먼네트워킹 제3원리: 모임에서 강사와 친해지기

아마도 이 책을 사서 읽을 정도라면 인맥 관리에 적잖이 관심이 있는 분일 거예요. 그렇다면 어떤 경로를 통해서든 여러 사람이 모인 자리에 가게 되죠. 모두가 바쁜 시간을 쪼개서 모임에 나가는 것일 텐데, 이럴 때도 왠만하면 많은 이들과 교류를 하고 친해지면 좋잖아요.

그런데 보통 세미나에 오시는 분들은, 세미나 주최자와 적극적으로 인사를 하고 친해지려는 노력을 안 하더군요. 제 경험상 세미나 주최자와 몇 마디 말을 나누는 것이 다른 사람들과 많은 대화를 하는 것보다 나중에 더 다양한 인맥으로 연결될 가능성이 높았어요.

CBS라디오 방송 출연 후 앵커와 친해지기

강사는 세미나의 키맨

강사나 세미나 주최자는 그 행사의 키맨인 경우가 많습니다.

그렇지 않고서야 그렇게나 많은 사람들을 같은 시간에 한 자리에 불러낼 수 없었겠죠.

그렇기 때문에 그 모임이나 세미나의 성격과 특징, 그리고 나아갈 방향에 대해 누구보다 많은 지식을 가지고 있을 확률이 높아요.

그렇다면 이 사람과 친해지면 자연스럽게 내가 친해지고 싶은 사람을 소개받을 것이고, 또 세미나 기간 동안에 주변 사람들과 대화하지 못한 채 세미나가 끝나도, 키맨이 소개해준 사람들을 통해 그 모임의 핵심 인맥들을 만나게 되는 경우가 많아요.

1. 가능한 한 앞자리에 앉아서 듣기
2. 강사/주최자와 눈을 자주 마주치기

3. 강의/세미나 끝난 후에 명함을 건네며 적극적으로 친해지기

위 세 가지만 잘해도 그 모임의 리더와 친해지는 데 무리가 없습니다. 저렇게나 단순하다고? 네, 이 정도로 단순해요.

장애인단체에서 봉사할 당시의 모습. 저는 어디를 가나 리더들과 친해지려고 노력합니다.

제가 경험해본 결과 아무리 사교성이 없는 사람도 저 세 가지만 잘하면 그 모임의 리더와 친분이 생기더군요. 친구가 되지는 못해도 적어도 내가 필요할 때마다 나에게 스승의 역할을 해줄 분을 한 사람 만들게 되는 셈이니, 절대로 손해볼 일이 없죠.

나를
연출할 수 있는
명함을
만드세요

"저는 명함이 없는데요, 직업도…"
제가 명함을 주면서 인사하라고 하면 가끔 그렇게 말씀하시는 분들이 있어요. 도대체 명함은 회사 다니는 사람, 돈 버는 사람만 만드는 거라고 말한 사람이 누구일까요?

이런 편견은 오늘 당장 버리셔도 됩니다.
돈을 벌지 않아도, 회사 같은 거 다니지 않아도 여러분은 이미 스스로가 한 사람의 브랜드입니다.

어떤 모임이든 명함을 교환하는 시간이 있죠. 그때 나를 표현 할 수 있는 명함을 가지고 있느냐, 없느냐는 정말 큰 차이가 있습니다.

학생이라면 취미(자기를 연출할 수 있는 어떤 캐릭터를 그려넣는다든지)를, 직장인이면 자기가 맡은 직무를 적극적으로 포지셔닝하는 겁니다.

예를 들어 "명함에 그림을 좋아하는 OOO입니다", 했을 때 관심사가 같아서 이야기 거리로도 자연스럽게 연결될 수 있으니까요. 설령 다소 유치해보일 수 있어도 나를 상대에게 표현하기로는 이만한 게 또 없으니까요.

주부라도 명함을 만드세요.

가정주부여도 내가 10년 경력이 있으면 '살림전문가'예요. 1만 시간의 법칙이란 말 들어보신 적 있으시죠?

아무리 사소한 일도 1만 시간을 하면 그 분야에 통달한다는 뜻입니다. 그러니까 살림 전문가라고 명함을 만드시고 적극적으로 나를 알리세요.

백수도 명함이 있어야 한다

오죽하면 저는 집에서 놀고 있는 어떤 분에게 '(주)백수 클럽 대표이사'라고 명함을 만들라고 말했습니다.

그렇게 하면 내 존재가 가치가 있는 사람이든, 아니든 간에 스스로를 귀하게 여기는 분이 다른 사람도 귀하게 여길 수 있거든요. 당당하게 자신을 드러내세요!

명함을 만들어야 하는 또 다른 이유는 상대방에 대한 배려 때문입니다.

여러분이 친해지고 싶은 사람은 대부분 여러분보다 더 나은 사람일 가능성이 높죠. 그런 사람이라면 분명히 명함을 가지고 다닐 것이고 여러분이 인사를 하면 자기 명함을 건네줄 겁니다.

그런데 나는 명함을 받기만 하고 내 명함을 건네주지 못한다면 어떻게 될까요?

당연히 상대방이 무안하게 되죠. 이것은 상대방이 먼저

인사를 했는데 내 쪽에서 인사를 안 받은 것과 마찬가지 상황입니다.

그러니, 설령 현재 백수 상태라고 해도 꼭 내 명함을 상대방에게 건네주세요.

인맥을 쌓기 위한 기본 예의니까요.

모임이나 세미나에서 기분 좋게 명함을 주고받았다면 그걸로 끝일까요?

대부분은 여기서 끝납니다. 그리고 언제가 될지 모르지만 상대와의 만남을 기약하며, 명함을 소중히 명함첩에 넣어두죠.

그렇지만 제가 장담해서 말씀드리는데, 그 사람을 다시 만날 가능성은 별로 없습니다. 나는 그 사람과의 만남을 너무나 고대하고 있는데 왜 이런 일이 벌어지는 걸까요? 간단합니다. 상대방은 나를 강하게 인식하지 못하고 있기 때문이죠. 쉽게 말해 세미나 리더에게 나는, 아직까지 그날 명함을 건넨 수많은 사람 중 한 명일 뿐입니다.

상대방과 명함을 주고 받는 데 성공했다면 그 다음 해야 할 일이 있죠. 상대방과 명함을 주고받고 전화번호를 저장할 때도 요령이 있습니다. 가능한 일기쓰듯이 자세히 상대방의 정보를 저장하는 거예요.

예를 들어 인상도 적고 생년월일도, 좋아하는 것 등등 아는 정보를 가능한 많이 적어두는 게 좋죠. 이렇게 되면 나중에 통화하거나 만났을 때 관심의 표현도 할 수 있고 대화 내용의 포인트도 잡을 수 있거든요.

다른 사람들과
인맥 만들기

우리는 평소에 편식이 건강에 좋지 않다는 건 모두 알고 있습니다. 영양을 위해서도 음식은 골고루 먹는 것이 좋죠.

음식을 먹을 때 여러 가지 맛을 보지 않고서 내 입맛에서는 '뭐가 맞아'라고 정하기 보다 다양한 맛을 보라고 권하고 싶어요.
음식도 처음에는 맛이 없지만, 먹다보면 맛이 있어지기도 하고, 또 맛을 알게 될 수도 있잖아요.

인간관계도 마찬가지겠죠.

인간관계는 처음부터 딱 맞지 않을 수도 있습니다.

나와 다른 사람도 많을 것입니다.

그러나 같은 사람만 계속 만나다보면 스스로 성장할 수 없습니다.

나와 다른 사람과의 만남을 통해 인맥확장은 물론이고 한 번뿐인 인생에서 더 많은 기회를 잡아보는 것은 어떨까요?

새로운 사람과 만날 수 있는 기회를 만들기

저는 새로운 사람과 만날 기회를 끊임없이 만드는 게 중요하다고 생각해요. 요즘은 각종 SNS나 강연회, 동호회 등등 모임이 많죠. 어떤 곳은 멤버십 형태로 가입비를 받기도 하는데, 저는 이런 곳도 나쁘지 않다고 생각해요.

이렇게 새로운 사람과 만나고 싶다면 시간과 돈을 투자해야 합니다. 아무런 노력도 없이 가만히 있는데 누군가

나에게 연락을 해오진 않아요.
인맥은 내가 땀흘리고 발로 뛴 만큼 비례합니다.

행사장 어디를 가든 먼저 다가가고 인사나누기

누구든 상대방에게 배울 점 찾기

저는 SNS 인플루언서를 꿈꾸는 블로거들 모임에 참석하고 있어요.

그곳은 20대, 30대들이 대부분이에요. 40대는 저 혼자입니다.

그들속에서 요즘의 트렌드도 읽고 배우는 즐거움에 그 모임 날이 기다려집니다.

배울 점이 있다면 저보다 한참 어린 나이인 상대에게도 먼저 다가가서 인사를 하고 명함을 건넵니다.

전화번호부의 쇼윈도 인맥은 버려라

사실 요즘 인맥이 좋다는 분들 중 대다수가 명함을 수집하고, 전화번호부에 수백, 수천명이 저장되어 있는 것만으로 인맥이 두둑하다고 뿌듯해하는 케이스입니다.

전화번호부에 잠자고 있는 상대방의 연락처가 나한테 실질적으로 도움이 되는지는 짐작도 못하면서요. 아마 몇

개월 뒤에 그 사람에게 무언가를 부탁하려고 연락이라도 할라치면 그 사람은 이렇게 답변할 거예요.

"네, 그런데 실례지만 누구시죠?"

낯선 사람과
금세
친해지는 법

명함을 받았다면 반드시, 그 다음에 할 일이 있어요. 상대방이 나를 절대 잊지 않게 만들기 위한 나만의 비법, 반드시 실천하셔야 합니다.

제 경우 명함을 받으면 3일 이내에 상대방에게 연락을 하는 편이에요.
상대방이 전화를 받기 힘들 정도로 바쁘다면, 간단한 카톡 메시지로 기프티콘을 보내기도 합니다.

이미 잘 아시겠지만 모르는 번호라도 한 번 카톡 대화로 인사를 나누면 문자 메시지로 대화를 하는 것보다 부담 없이 말을 걸기 좋죠.

주변에 아는 사람이 없다, 인맥이 부족하다고 말하는 분들 중에서 제가 말씀드린 노력조차 안 하는 분들이 거의 대부분입니다.

나이가 많다고, 성격상 수줍음이 많다고 말씀하시지만 사실은 용기가 없어서 못하는 경우가 많아요.

SNS는 인맥 네트워크의 무기

요즘 시대는 SNS로 소통하고 친해지는 경우도 많잖아요. 이렇게 소셜네트워크로 인맥을 만들기 위해서 트위터, 페이스북, 블로그 같은 SNS를 적극 활용하는 것도 한 방법입니다.

"아니 그게 무슨 대단한 방법이라고?" 이렇게 반문하시는 분들도 있을 겁니다.

스마트폰이 처음 나온 게 2008년입니다.
불과 15년이 되지 않았어요. 그 전에 우리들은 SNS라는 것도 없이, 인맥을 쌓으려면 무조건 발품을 팔았어요.

그런데 스마트폰이 등장하고, SNS가 나오면서 그럴 필요가 전혀 없어진 거예요.

클릭 한 번이면 내가 인맥을 삼고 싶은 사람에게 연락할 수 있죠. 무턱대고 찾아가지 않고 제 프로필과 그간의 피드를 보여주면, 제가 어떤 사람인지, 무슨 일을 하고 살아왔는지가 드러나기 때문에 상대방도 저를 신뢰할 수 있고요.

그러니까 SNS는 저처럼 인맥을 힘으로 삼는 사람에게는 혁신입니다.

그래서 저는 10년 전부터 SNS인 페이스북, 카카오스토리 등를 정말 열심히 해왔어요. 워낙에 사람과 친하게 지내고 연락하는 걸 좋아하는 터라, SNS로 제 활동을 꾸준히 포스팅하고 저를 소개하면서 새롭게 인맥 교류를 제안했더니 거의 대부분이 좋아하더군요.

SNS를 통해 저는 평소에 만나기 힘들었던 유명 명사들을 모두 만날 수 있었습니다.

조선대학교 치과병원장님과 함께. SNS만 열심히 해도 누구나 인맥을 쌓을 수 있다고 생각해요.

자기가 사는 지역이 시골이어서 유명한 사람을 못 만난다는 것도 핑계, 맞죠?
요즘처럼 SNS로 누구든지 친구가 될 수 있는 세상에 손가락이 놀면서 인맥이 없다고 하면 정말, 정말 더 부지런해지셔야 합니다.

저는 국내외를 가리지 않았어요.

해외에 있는 사람에게도 먼저 친구신청을 했어요.
파도타기도 하면서 상대방에게 나에 대한 신뢰를 주려고 노력했어요.
제가 언제든지 그 나라, 그 사람을 만나면 밥을 사주고 재워줄 수 있는 그야말로 '찐친'입니다.
일단 진정성을 갖고 접근하니 상대방이 알아주더라고요.
사람 관계에 국적은 큰 상관이 없는 것 같아요.

제 친구를 한 번 예로 들어볼까요? 뉴질랜드에서 학교, 언론사, 호텔을 운영하는 앤드류라는 친구가 있어요. 이 친구는 저랑 어떤 사회적 인맥이나 학력의 연결고리가 없이 순전히 SNS를 통해서 연락을 주고 받다가 친해진 케이스죠.

소셜네트워크에 댓글로 꾸준한 관심의 표현을 하는것도 중요합니다.
SNS친구를 오프라인으로 만났을 때 마치 어제 만나것 같은 느낌으로 당신의 SNS를 꾸준히 잘 보고 있다는 관심과 애정의 표시를 해주면 더 가까워지는 사이가 됩니다.
예를 들어 페이스북에서 여행을 다녀온 친구 사진을 봤으면, 그 친구를 직접 만났을 때 이 얘기를 꼭 언급해주세요
"해외 다녀왔던데 여행 좋았어요?"
이렇듯 네 기억에 남았을 법한 이벤트를 나도 기억하고 있다, 라는 식으로 표현을 해주면 상대방도 '이 사람은 나에게 관심이 많구나' 생각하게 됩니다.

에피소드를 만들기

낯선 사람과 인맥을 만드는 또 한 가지 요령이 바로 '에피소드 만들기'입니다. 저는 주변에서 "인맥을 어떻게 쌓으면 될까요?"하고 묻는 질문에 "에피소드를 만들라"고 조언합니다. 생각해보면 우리 주변에는 참 흥미로운 에피소드들이 많잖아요.

물론 이런 에피소드가 없는 사람들도 있겠지만, 이런 관계는 참 건조할 것 같아요. 아무리 매력이 없는 사람도 삶을 열심히 살다보면 남을 기분 좋게 만들 에피소들이 하나둘씩 생겨나기 마련입니다.

그러니 항상 호기심을 갖고, 매일 매일 에피소드를 만들면서 여러 사람을 만나다보면 인맥이 차곡차곡 쌓이게 될 겁니다. 제가 장담할게요!

여기서 중요한 팁 한 가지를 말씀드리겠습니다. 나랑 하등의 접점이 없는 사람과 교류할 때 중요한 게 있습니다.

그게 뭐냐고요?

바로 내가 남달리 잘하는 한 가지 특기나 나만의 캐릭터를 반드시 가지고 있으라는 겁니다. 그러니까, 다른 사람과 친해지기 위한 나만의 무기인 셈이죠.

사람들 중에는 재능이 아예 없는 사람은 없어요. '굼벵이도 구르는 재주가 있다'는 속담도 있죠. 저는 열정과 재능 둘 중 하나만 있으면 다른 사람에게 나를 어필할 수 있다고 생각합니다.

인맥왕이 말하는 휴먼레버리지의 기술!

★ 다양한 세미나에 참가해서 인맥을 쌓았다. 특히 세미나 주최자와 몇 마디 말을 나누는 것이 다른 사람들과 많은 대화를 하는 것보다 나중에 더 다양한 인맥으로 연결될 가능성이 높았다. 강사나 세미나 주최자인 '키맨'을 찾는 것이 중요하다.

★ 자기가 사는 지역이 시골이어서 유명한 사람을 못 만난다는 것은 핑계이다.
요즘처럼 소셜네트워크 SNS로 누구든지 친구가 될 수 있는 세상에 손가락이 놀면서 인맥이 없다고 하면 정말, 정말 더 부지런해져야 한다.

★ 새로운 인맥을 쌓으려면 에피소드를 만들어야 한다. 아무리 매력이 없는 사람도 삶을 열심히 살다보면 남을 기분

좋게 만들 에피소들이 하나둘씩 생겨나기 마련이다.

그러니 항상 호기심을 갖고, 매일 매일 에피소드를 만들면서 여러 사람을 만나다보면 인맥이 차곡차곡 쌓이게 된다.

인맥의 기술 3.

'파워 인맥' 구축의 비밀

투자도 종잣돈이 있어야 하듯
인맥도 그렇습니다. 100명이 모이면
그 다음은 이걸 10배, 20배로 불려야 한다.
휴먼 캐피탈을 통해 네트워킹하는
구체적인 방법을 소개해드립니다.

알면
바로 활용할 수 있는
'네트워킹의 기술'

이제 낯선 사람과도 친분을 쌓을 만한 용기와 경험이 조금씩 생겼을 겁니다. 앞에서도 말했듯 인맥이라 함은 멀리서 찾을 필요가 없이, 내가 사는 동네에서도 충분히 서로 교류하면서 도움을 주고 받을 사람을 얼마든지 발굴해낼 수 있어요.

누군가를 알고 사귀느냐보다 중요한 것은 이 사람들과 어떻게 교류를 함으로써 풍성한 관계로 만들어나갈까, 이것이 아닐까 싶습니다.

인간관계에 씨를 뿌렸다면 여기에 물을 주고 거름을 주어서 싹을 틔우는 과정, 이것이 바로 '네트워킹'을 만드는 과정입니다.

네크워킹의 기술

먼저 우리가 인정해야 할 점이 있습니다.
바로 내가 만나는 사람이 누구든지 그 사람은 내가 아니라는 거예요. 이 부분을 먼저 인정하는 것이 중요합니다.

너무 당연한 말 같겠지만, 사람들은 머리로는 상대방이 나와 다른 사람이라고 생각하면서 실제 그 사람을 대할 때는 내 기준으로 상대를 평가할 때가 참 많습니다.

"어떻게 그 사람이 나한테 그럴 수 있지?"
"양심이 있다면 그 상황에서 그렇게 행동하면 안 되는 거 아냐?"

이런 말 너무 자주 들어보셨죠? 인간관계에서 흔히 발생되는 대화인데 이는 거의 대부분이 상대가 나와 다름을 인정하지 않거나, 이 점을 무시해서 발생하는 것입니다.

저도 처음에는 이 점을 냉정하게 받아들이는 데 꽤 시간이 걸렸어요.

학원 프랜차이즈 사업을 할 때 전국 분원장 세미나 현장에서. 저는 어떤 곳에서 무슨 행사를 가든지 꼭 인맥을 쌓으려고 노력하는 편입니다.

인맥을 쌓기는 값진 선물

어쩌면 누군가를 만난다는 것은 사람과 사람 사이의 힘을 조금이라도 내 것으로 만들어가는 과정일 것입니다. 이걸 잘 활용한다는 건 소중한 선물이라고도 할 수 있죠.

그렇기 때문에 아무리 작은 인연이라도 성실한 태도와 진실한 마음으로 사람을 대하는 게 중요합니다. 사람의 마음은 돈을 살 수 있는 게 아니거든요.

언제, 어디서나 진실한 마음으로 관계를 맺으려고 하는 사람, 당장의 잇속에 구애받지 않고 다른 사람에게 도움을 주는 사람 주변에는 항상 사람이 몰리게 되어 있습니다.

인맥을 쌓는 데 가장 중요한 것

만약 누군가 저에게 '인맥 쌓기에서 가장 중요한 게 무엇인가요'하고 묻는다면 저는 '당당함'이라고 말하고 싶어요. 특히나 유명 인사들이 모인 장소에 가거나 많은 사람들 앞에서 자기도 모르게 주눅이 드는 사람들이 있는데, 이런 사람은 목표의식이 불투명하기 때문에 사람들 사이에서 주눅이 드는 거예요.

내가 이 모임에서 얻고자 하는 것이 분명하다면, 전혀 주눅들 이유가 없습니다. 오히려 이 사람 저 사람과 조금이라도 더 많이 대화하기 위해 바쁘게 돌아다니겠죠.

그렇기 때문에 내가 확실한 목표를 인맥을 만들어가겠다는 뚜렷한 마음이 있어야 성공적인 삶을 만들어낼 수 있습니다. 스스로 확신이 없는 상태라면, 다른 사람에게 기대할 수 있는 도움도 없을 테니까요.

꼭 기억해두어야 합니다. 인맥을 쌓는 건 타인에게 기대기 위함이 아니라 나 스스로가 더욱 굳건하게 서기 위해서임을 말이죠.

그런 의미에서 인맥은 누가 떠먹여주는 게 아니라 스스로 하나씩 쌓아나가는 것에 더욱 가깝죠. 그리고 스스로 인맥을 쌓아나간다는 건, 내가 할 수 있는 일로 남에게 도움을 주는 것입니다. 그런 의미에서 저는 백지 상태에서 탄탄한 인맥을 구축한 사람을 높이 평가해요. 아무런 배경이 없고 인맥도 없던 사람이 노력만으로 다채로운 인맥을 쌓은 것을 보면 앞으로 이 사람이 성공할 사람인지 아닌지를 알 수 있습니다.

지금 나에게 이렇다 할 인맥이 없어서 속상하신가요? 사람을 사귀는 게 서툴고 어렵게 느껴질 때가 있습니다. 하지만 그럴 때는 내가 잘하는 일을 꾸준히 해나가는 것만으로도 인맥의 기운을 끌어당기는 것과 같습니다. 그렇게 노력하다보면 언젠가는 내 고민을 해결해줄 사람을 만날 수 있을 테니까요.

그럼 지금부터 제가 어떻게 하면 인맥을 구체적으로 키워나갈 수 있는 지 그 기법을 말씀드리도록 할게요.

첫 번째, 관찰 후 라벨링하기

일본 유학을 할 당시 친구를 사귀는데 자연스럽게 친구에게 기대하는 게 생겼어요. '내가 이만큼 해줬는데 쟤는 왜 나한테 이걸 안 해주는 걸까?'

한국에서 생각했던 것처럼 그렇게 하다가 상대방에게 "왜 내 마음이 너와 같기를 바래?"라는 일침을 듣고 정신이 번쩍 생기더군요.

제가 오랜 유학생활 중에 배운 게 있다면, 바로 이것입니다. '상대방은 나와 같지 않다'는 점 말이죠. 그 이후로 저는 자연스럽게 제 머릿속에 있는 친구 목록을 구분했습니다.

내성적인지 외향적인지 등 성격파악하기, 취미는 무엇인지, 무엇을 좋아하는지 등 관찰을 하다보면 이렇게 친구들이 구분이 되거든요.
관찰은 관계의 생명입니다.

저는 이 작업을 '라벨링'이라고 부릅니다.
너무 계산적이라고요? 그렇지만 이렇게 철저하게 그룹을 만들고 라벨을 붙이고 나자 신기한 일이 벌어졌어요.

인간관계 갈등이 전부 싹 다 사라진 거예요.

놀랍지 않나요? 그 전에는 친구 관계에서 어디까지 내 감정을 드러내야 하고, 어디까지를 챙겨줘야 하는지 기준점이 없어서 상대방과 갈등을 빚는 경우가 많았거든요.

그런데 이렇게 라벨링을 하고 나자 놀랍게도 친구랑 싸우는 횟수가 0이 된 거예요. 이것은 비단 친구 관계에만 적용되지 않고 직장 동료, 나아가 사업 파트너를 맺을 때도 적용되었습니다.

제가 라벨링한 목록을 보면 종류가 엄청 다양해요.

공부 같이 하는 사람

영화같이 보는 사람
쇼핑할 때 같이 하는 사람
식사같이 하는 사람
부동산에 밝은 사람
비즈니스 대상,
지치거나 위로가 필요할 때 만나는 사람

정말 다양하죠?
실제로 이렇게 필요에 따라서 사람을 만나냐고요? 물론 이죠! 저는 이렇게 라벨링을 한 관계의 사람과 아주 꽤 잘 지내고 있습니다.
상대방이 기분 나빠하지 않냐고요? 물론 상대방에게는 '내가 당신을 이렇게 라벨링하고 있습니다'라고 말하지는 않아요.

하지만 이렇게 라벨링된 상대방도 대개는, 나와 유사한 측면에서 궁합이 맞기 때문에 딱히 이 점에 불만을 갖지 않고 오히려 나처럼 만족도가 높죠. 만약 이별의 상처 때문에 힘들어 하는데 같이 공부를 하는 사람에게 전화를 해서 "나 오늘 남친과 헤어졌는데 위로해줘"라고 다짜고짜 말하면 상대는 당황하지 않을까요?

두 번째, 공감대 형성하기

이렇듯 현재 있는 인간관계에 라벨링만 잘 붙여도 갈등은 평소보다 10분의 1로 줄어들 겁니다.

여러분도 전화번호부에 있는 대상자들을 이런 식으로 정리해보세요. 그럼 상대방과 멀어지는 것이 아니라 오히려 상대방과 더욱 가까워지는 신기한 경험을 하게 될 테니까요.

라벨링이 끝나면 두 번째로 할 일은 바로 라벨링된 사람들과 공감대를 형성하는 거예요.

혹시 '라포'라는 말 들어보셨어요?

인간관계에서 상대방과 내가 같은 느낌을 공유하면서 마음이 열리는 것을 뜻하는 말인데요. 내가 관계를 맺는 모든 사람과 라포가 형성되면 참 좋겠지만 현실은 그렇지가 않죠?

나와 라포를 형성하기 싫어하는 사람이 있을 수 있고, 라포는 형성되었지만 그 라포가 오래가지 않는 경우도 있으니까요.

라포 형성을 위해 상대방의 이야기를 잘 들어줍니다. 전남대학교 교수님과 미팅을 하는 모습

그럴 때 제가 쓰는 방법이 있어요. 상대방과 최대한 자주, 오랫동안 라포를 형성하는 가장 좋은 방법은 무엇일까요?

그 해답은 바로 먼저 상대가 필요한 것을 주는 것입니다. 나에게 도움을 요청하지 않아도 내가 먼저 그에게 필요한 것을 주는 것이죠. 상대방이 필요한 것은 공감이나 위로일수도, 혹은 도움이 되는 유용한 정보일 수 있습니다. 그때그때 필요한 걸 주는 것이죠.

그리고 그에게 최대한 도움이 될 수 있게 노력하죠. 필요하다면 마술을 배워서 장기자랑을 하더라도 상대의 필요를 채워줍니다. 내가 못하면 나 대신 도움을 줄 수 있는 사람을 찾아서라도 도와줘요.
이처럼 상대방이 필요하는 것을 내가 해줄 수 있다면 상대방은 쉽게 마음의 문을 열게 되어 있어요.

이렇게 마음의 문을 열기까지 어떤 상대든 가까워지는

데 시간이 걸리는데요. 이때 이 시기를 단축시키는 방법으로 상대방에게 먼저 내 속 얘기를 하는 것도 좋은 방법이에요.

예를 들어 나의 속깊은 이야기나 비밀 이야기, 그것도 아니라면 나만 알고 있는 좋은 정보를 공유하면 상대방은 나와 심리적 거리를 좁히게 되죠. 핵심은 상대방이 '아, 이 사람은 나를 믿고 있구나'라고 생각하게 만드는 것입니다.

세 번째, 빗장해제 시키기

내가 먼저 내것을 보여준다.
이처럼 상대방에게 믿음을 준다면 상대방은 쉽게 마음의 문을 열게 되어 있어요.

중요한 포인트는 이것입니다.
내가 먼저 내것을 보여준다! 스스로 내 이야기를 먼저 꺼

내어서 공유하면 상대방도 속애기를 자연스럽게 꺼낼 거예요. 결코 상대방이 먼저 속애기를 꺼낼 때까지 기다리시면 안 됩니다.

관계에는 저마다 골든타임이라는 게 있어요.

상대방과 친해질 수 있는 최적의 타이밍이 존재한다는 뜻이죠. 서로 기분 좋게 상대에 호감을 느끼는 라포가 형성되기 위해서는 이처럼 먼저 상대방에게 진심을 드러내보이는 자세도 필요합니다.

이렇게 진심을 내어주었다면 자연스럽게 친해지게 됩니다.
상대방에게 나도 마음을 열었고, 상대도 내가 마음을 열었다는 걸 아는 단계죠. 이렇게 서로가 마음이 열린 상태를 '빗장해제 상태'라고 저는 표현합니다.

제가 영어학원 프랜차이즈를 운영할 당시의 일입니다.

영어 프랜차이즈 사업의 고객은 학원 원장님이죠. 그 분들이 고객이기 때문에 평소에도 열심히 학원 영업을 다닙니다.

보통은 학원에 가면 그냥 인사만 하고, 명함이나 자료를 두고 오는 게 보통이지만 저는 한 번 방문한 학원은 아무리 작은 학원이라도 원장님에게 꾸준히 문자를 보내 인사를 하고 연락을 합니다.

단순히 '날씨가 좋네요, 원장님' 같은 가벼운 인사가 아니라 원장님에게 구체적으로 도움이 될 만한 정보나 뉴스를 곁들이죠.

"원장님 이번에 은행 금리가 내린다던데 주거래 은행가서 금리 인하권을 쓰시면 조금 이자가 줄어들지 않을까요?" 이런 식입니다.

원장님은 당연히 깜짝 놀라면서 "어떻게 제가 금리 높은 대출을 쓰는지 알았어요?"하고 묻습니다.

가맹 학원장 회의 사진. 정보 공유를 통해 공유의 힘을 이끌어냈어요.

저는 평소에 원장님하고 대화를 하면서 메모를 하기 때문에 이 점을 놓치지 않고 안부 소식에 활용한 것이죠.

한 번은 원장님이 학부모에게 보낼 편지 문구를 못 써서 끙끙대고 계시길래 원장님에게 큰 틀의 편지 내용을 적어드리고 학부모 이름만 바꾸어서 보낼 수 있도록 양식을 만들어 드린 적이 있어요.

그 원장님은 평소에 제 안부에 답장을 한 번도 안 하셨던 분인데 어쩐 일인지 그 일 이후로는 저의 프랜차이즈의 홍보 대사가 되어서 학원 원장들을 적극적으로 유치해주시기 시작했습니다.

제가 이 분에게 꼭 대가를 바라고 이런 일을 했을까요? 절대 그렇지 않아요. 저는 앞서 말씀드린 진정성 있는 마음으로 상대방에게 도움을 주려는 선한 마음으로 이런 일을 했습니다.

그랬더니 고객들이 자발적인 입소문으로 저에게 보답을 한 것이구요.

세상 만사는 이렇듯 '먼저 주는 사람들이 더 큰 것을 받도록' 설계되어 있습니다. 정말이라니까요.

안 믿겨지신다구요?

그럼 한 번 제가 알려드린 대로 해보고 정말 그렇게 되는지 한 번 지켜보세요.

네 번째, 공들이기

그 다음 단계로 이 사람과 친해지려면 꾸준히 공들이기가 필요한데요.
사람 마음을 내쪽으로 끊임없이 끌어당기는 건 한 번 마음을 여는 것만으로는 부족합니다. 공을 들여야만 성과를 낼 수 있죠.

여기서 말하는 공들이기는 '진심으로 대하기'입니다.

단순히 상대에게 맛있는 걸 사주고, 선물을 주는 행동을 하는 것이 아니라 그 안에 내 진심이 들어가 있어야 하죠.

공들이기를 잘하는 저만의 방법론을 정리해보면 이렇습

니다.

1. 상대방의 입장에서 생각하기

상대방의 입장에서 생각하는 것의 출발은 '경청'입니다. 상대방이 어떤 얘기를 하든 내쪽에서 먼저 귀를 기울이는 거예요.

특히 상대편이 어렵게 내게 말을 꺼냈을 때 쉽사리 조언이나 충고를 하려고 하면 안 됩니다. 일단 충분히 상대의 말을 듣는 것이 중요해요.

상대방은 해결책을 원하기 위해 내게 속마음을 털어놓는 게 아니거든요. 그럴 때는 가만히 들어주는 것만으로도 충분히 위로가 되고 힘이 될 수 있죠.

2. 진정성 있는 태도 보이기

진실한 마음은 말처럼 쉽게 드러낼 수 없는 어려운 부분입니다.

경우에 따라서는 좋은 말만 주고받을 수 없을 때도 많죠. 그럴 때는 상대방을 위해 진심으로 하는 말을 전달해야 합니다. 아무리 입 바른 말이라도 진정성이 없으면, 상대방은 이를 불쾌하게 들을 게 분명합니다. 사실 항상 진정성 있는 태도를 보이는 건 쉽지 않은 일인데요.

일본에서는 이를 '상대방을 신으로 여긴다'라는 태도에 비유합니다. 내 앞에 있는 사람이 신이 강림(?)한 것이라면 진정성을 보이지 않을 수 없겠죠?

3. 긍정의 에너지 발산하기

어떤 경우에도 부정적인 말이나 행동을 하지 않습니다. 실제로 가장 많은 노력이 필요한 부분이라고 생각해요. 인간은 타고난 천성을 부정에 이끌리게끔 되어 있거든요.

상대방에게 호감을 쉽게 얻는 방법은 바로 무한한 긍정의 에너지를 발산하는 거에요. 언제 누굴 만나든 밝은 미소와 기분 좋은 말 한마디를 건네는 것, 결코 돈 드는 일도, 어려운 일도 아니죠?

봉사 활동을 하면서도 먼저 긍정의 말을 심어주는 것. 정말 중요한 일이에요.

4. 상대방과 주기적으로 만나기

이렇게 공을 들이고 나면 아마도 관계에 싹이 튼 상태일 겁니다.

상대방은 언제든 내가 연락하면 편안하게 전화를 받고, 아무런 이해관계 없이도 반갑게 서로 만나서 밥 한끼 먹을 수 있는 사이가 되죠.

여기서부터는 이제 상대방과 열매가 맺히도록 자주 만나는 것이 중요한 단계입니다.

어느 정도 인맥이 있는 사람이라면 휴대폰 연락처 속의 사람들 모두를 주기적으로 만나는 게 결코 쉬운 일이 아니라는 걸 아실 거예요. 하지만 만나지 못하더라도 꾸준히 소통하는 것으로 충분합니다. 세상에는 나만 바쁜 게 아니라 대부분 바쁜 일상을 보내고 있기 때문이죠.

가장 좋은 소통 방식은 물론 전화입니다.

이동하면서, 잠깐 틈이 날 때마다 상대방과 통화를 하세요. 전화를 할 때 딱히 할 말이 없다면, "그냥 생각나서 안부나 물으려고 전화했다"고 말합니다.

이렇게 안부전화를 했을 때 싫어하는 사람을 저는 본 적이 없어요.
왜냐하면 상대방이 아무런 이해관계 없이 전화를 했기

때문에 뭔가 대답을 하거나 돌려주어야 할 부담이 없기 때문이죠.

만약 전화하기 너무 어려운 상황이라면 메신저라도 안부를 묻습니다.
요즘은 꽤 친절하게도 메신저에 상대방의 생일이 알림으로 뜨기도 하죠. 형편에 따라 그때그때 상대방에게 작은 기프티콘이라도 보내보세요.

선물을 보내줄 수 없다면 간단한 메시지로라도 생일 축하한다는 메시지를 남기면, 상대방은 무조건 감동할 것입니다.

네트워킹이 주는
놀라운 마법

사람과 사람의 관계는 연결할 때 가장 큰 힘이 생깁니다. 나 혼자서 알게 된 한 사람의 인맥도 서로 서로 연결되다보면 나비효과처럼 산을 옮길 수 있는 힘이 생기죠. 안 그럴 것 같다고요?

제가 살면서 인맥을 쌓다보니 정말 그렇습니다.

미용실 아주머니가 소개시켜준 부동산 사장님이 추천한 집을 사게 되고, 그 집값이 올라 감사의 인사로 식사를 대접한 것이 지역의 유력 대표님과 연이 되어 지금까지 관계를 이어오고 있습니다.

때로 우리의 인간관계라는 것이 수십, 수백억보다 훨씬 더 값지다는 생각이 들 때도 있어요. 아마 이 책 서두에도 말씀드렸는데, 저는 제가 지금껏 살면서 구축한 인맥은 단언컨대 최소 수십억의 가치가 있다고 생각하고, 이 인맥만 가지고도 저는 평생 일을 하지 않고도 먹고 살 수 있다고 말씀드린 바 있습니다.

여러분도 저처럼 하실 수 있습니다.
못한다고 지레 겁을 먹지 마세요.

세상에는 누구도 인맥을 타고나는 사람은 없습니다.
한 사람과의 관계가 열 사람과의 인연으로 이어지고, 마치 작은 눈뭉치가 굴러서 큰 눈덩이로 변하듯, 그렇게 인맥을 축적하다보면 어느새 완전히 달라진 삶을 살아가는 나를 만나게 되는 거죠.

앞서 제가 어떻게 하면 인맥의 씨를 뿌리고 싹을 틔우게 할 수 있는지 말씀드렸을 거예요.
이제부터는 그렇게 싹 틔운 관계를 본격적으로 작동하도록 하는 방법에 대해 설명해드리고자 합니다.

사람은 필요에 의해 서로를 돕는다

사람은 기본적으로 공동체 품앗이에 최적화된 존재입니다.
"저 사람은 혼자서 어떻게 저런 일까지 다 해?" 주변에 보면 슈퍼맨처럼 혼자 일을 척척 하는 사람이라고 해도 모든 일을 그렇게 해낼 수 없죠.

오히려 100가지 일 중에서 90가지 일은 다른 사람의 도움을 필요로 합니다. 저도 마찬가지고요.

그런데 우리는 이 사실을 알면서도 모르는 척할 때가 많아요.

특히 이권이 걸려 있는 모임이나 단체에서는 더더욱 내 이익에 반하는지 여부만 따져가면서 나 자신을 조금도 희생하려고 하지 않다보니 쉽사리 공동체가 한뜻을 만들기 어렵죠.

하지만 앞서도 말했듯 우리가 뭉치려고 하는 건 다른 사람만을 위해서는 아닙니다.
그렇게 하는 것이 결과적으로 나에게도 더 좋은 이득을 가져다주기에 필요에 의해서도 서로 서로를 돕도록 되어 있는 것이죠.

공유활동의 힘, 모두의 공유를 이끌어내다
한 예를 들어드릴까요. 제가 영어 프랜차이즈 가맹점 사업을 할 때였어요.
학원 원장님들이 제 고객이였는데, 교육을 하는 원장님들이라서인지 자신이 공부하는 분야에 대한 지적자산에 욕심이 강한 편이죠.

또 학원사업의 특성상 옆에 학원이랑 경쟁구조이기에 내가 가지고 있는 자료를 교류한다는 것은 쉬운 일이 아닙니다.

워크숍을 하면 서로 '저 원장은 대체 무슨 노하우가 있을까' 호시탐탐 엿보기만 할 뿐, 당최 자기가 알고 있는 정보를 오픈하려고 안 하니 주최자인 저로서는 답답할 수밖에 없죠.

"원장님들, 알고 계신 지식을 푸는 게 왠지 손해일 것 같고 그렇죠? 어렵게 공부하고 만든 노하우니까 당연히 쉽게 오픈이 안 될 거구요. 이해해요. 하지만 서로 정보를 공유하고 교류하면 지금 알고 계신 것보다 훨씬 더 많은 정보를 알게 되고, 심지어 현재 가지고 있는 문제를 해결할 가능성도 높아요."

제가 이렇게 말하니까 아무도 제 말을 안 믿어요.
당연한 일이죠. 눈으로 보기 전에는 좀처럼 믿지 않는 것이 사람이니까요.

그래서 저는 일단 제가 전국을 돌면서 입수한 자료를 먼저 공유했어요. 저 역시도 발에 땀이 나도록 발품을 팔아서 얻은 소중한 자료였지만, 저 혼자만 알고 있는 건 비생산적이라는 생각에 아낌없이 원장님들에게 푼 거죠.

"원장님들, 제가 학원 운영과 관련된 정보와 자료들, 꼭 필요한 것들을 공유할 테니 원장님들은 편하게 제가 드린 자료를 맘껏 활용 하세요. 그리고 그런 자료를 만들 시간에 학생들 관리 및 학원 경영에 집중하시는게 더 효율적일 거예요."

솔선수범의 힘

제가 그렇게 말하니 다들 놀랐어요.
아무리 지사장이지만, 제가 이런 자료들을 솔선수범해서 업데이트를 하자 다른 원장님들의 시간이 절약되었죠.

그런데 더더욱 신기한 건 그 다음에 벌어졌습니다. 제가 자료를 공유하기 시작하니까 다른 원장님들도 하나둘씩 자기가 알고 있는 자료를 공유하는 거 아니겠어요?

"왠지 도움만 받은 것이 미안해서..."

"지사장님 주신 자료를 보니 제가 가진 자료가 절대 공유 못할 정도로 가치가 있는 건 아니라는 생각이 들어서요."

유레카!

어떤 이유에서든 몇몇 분들이 마음을 움직이시면서 다른 원장님들도 이 자료수집에 하나둘씩 동참해주시기 시작했죠. 그런데 시간이 흐르면서 이렇게 산발적으로 업데이트되는 자료를 조금 더 효율적으로 관리하고 정리할 필요성이 생겨났어요.

A 원장님이 올린 자료와 B 원장님이 올린 자료 중에서

겹치는 게 있을 수도 있으니까요.

자발적 헌신이 마법처럼 생기다

그 다음 무슨 일이 벌어졌을까요? 원장님들이 자료 정리와 업데이트를 각자 역할 분담을 해서 품앗이를 하기 시작했어요.

제가 그러라고 한 것도 아닌데 알아서들 말이죠!

비단 교육 자료뿐만 아니라 홍보 마케팅도 조를 짜서 함께 하고, 학부모 설명회도 자발적으로 팀 플레이로 진행하는 모습을 보면서 저는 놀라움을 금치 못했습니다.

왜냐하면 이 과정에서 누구보다 개인주의라고 생각했던 원장님들이 모두 자신의 것을 내어놓고 서로서로 도우려는 마음으로 함께하고 있었기 때문이에요. 결과적으로 원장님들의 매출이 늘어난 것은 물론입니다.

경제 공동체가 된 원장님들은 '알아서(?)' 빗장풀기를 하고 나아가 서로가 서로에게 지원군이 되어 주었어요. 네트워킹을 통해 자연스럽게 하나가 된 것이죠.

이후로도 원장님들은 서로의 비전과 꿈을 공유하면서 같은 지향점을 가진 공동체로 관계를 이어나갔습니다. 사회에서 만난 그 어떤 관계보다 끈끈한 관계가 된 것이죠.

네트워킹을
운용하는 법

어떻게 이런 놀라운 일이 생긴 걸까요?

저는 그 이유가 자기가 알고 있는 걸 다른 사람과 나누고, 여러 사람들이 서로 네트워킹을 통해 시너지 효과를 만들었기 때문이라고 생각합니다.

그렇다면 이런 시너지 효과는 꼭 전문직을 가진 사람들하고만 가능할까요?

저는 그렇게 생각하지 않습니다. 그 어떤 누구라도 현재 맺고 있는 관계를 확장시킬 수 있습니다. 그렇게 작동하도록 하는 네트워크의 요소가 어렵지만도 않아요.

만약 한 사람을 알게 되었다면, 그 사람 주변의 좋은 사람을 탐색하고 적극적으로 소개를 요청하세요.

"지연 씨처럼 센스 있고 재미있는 분들이 분명 주변에 더 많을 텐데 저 좀 소개시켜주세요."

이렇게 물으면 상대방은,
"어머, 제가 뭐 그렇게 센스 있는 사람이라고..."
하며 한 발 빼겠지만 조만간 자기 주변 사람을 여러분에게 소개시켜줄 것입니다.

이렇게 발이 넓은 사람에게 소개를 받는 방법도 있죠.
인맥을 처음 확장하려는 사람이라면 발이 넓은 친구가 가까이 있는 게 좋습니다.

소개에 소개를 거쳐 인간관계가 맺어지면, 자연스럽게

인맥으로 바뀌는 경우가 많습니다. 그런데 소개를 부탁할 때는 조심할 점이 있어요. 바로 내 쪽에서도 상대방에게 도움이 될 만한 정보를 가지고 있어야 한다는 것이죠. 아무리 사소한 것이라도 상대에게 도움이 될만한 정보를 주고 그 뒤에 부탁을 하면 양쪽의 부담은 훨씬 줄어들 것입니다.

"사람을 사귈 때 너무 이용하려고 거 아냐?"
이렇게 묻는 사람도 있을 거예요. 하지만 저는 만남에 대한 '이용'이라는 표현은 부적절하다고 생각해요. 오히려 '활용'이라는 말에 가깝죠.
이용과 활용은 차이가 있습니다. 누구나 '이용'은 하지만, '활용'을 하려면 자기의 노력이 필요하다는 사실이죠.

그렇기 때문에 소개로 만나든, 모임에서 만나든 내가 어떤 노력을 기울여 상대를 사귈 수 있는 예비지식을 꼭 갖추는 게 중요합니다.
누군가에게 사람을 소개받았을 때는 감사의 마음도 잊

어선 안 돼죠.

소개를 한다는 건 상대에게 내 신용을 물려주는 것이기 때문에 소개받은 사람은 이를 나름대로 잘 개척해 나갈 필요가 있습니다.

모임을 적극적으로 개설해보자

소개를 받지 못한다고 해도 실망하지 마세요. 어떤 경우에는 주변 사람을 소개해주기 꺼려하는 사람도 있겠죠. 그럴 때는 상대방의 소개만 기다리는 것이 아니라 내가 적극적으로 모임을 개설해보는 것도 좋습니다.

모임의 주제는 너무 거창하거나 어렵게 생각할 필요가 없어요.

만약 내가 영어 공부를 잘하고 싶다고 해볼게요. 그럼 스터디 소모임을 만드는 게 좋죠. 요즘은 네이버 밴드 같은 소모임 앱도 잘 되어 있습니다. 혹은 평소 자주 가는 도서관에 양해를 구하고 스터디 멤버 모집 글을 올려보는 건 어떨까요? 이렇게 새로운 인맥 모임을 만드는 건 그리 어려운 일이 아닙니다.

나를 필요로 하는 모임은 세상에 너무나도 많습니다.
특히 다른 사람을 돕는 봉사의 영역은 더 그렇고요.

봉사 모임으로는 대한민국 어디를 가나 여러 봉사단체들이 존재합니다.
봉사할 마음이 있으면 누구나 이곳에서 활동할 수 있습니다.
여기에서 활동하면서 소그룹을 만드는 것도 좋습니다.
봉사활동을 함께 하면서 그 안에서 사진찍기 모임을 만든다거나, 투자 스터디를 만드는 것처럼요.

아마도 제가 장담하건대 여러분처럼 봉사를 매개로 다른 사람과 교류하고자 하는 사람들을 쉽게 만날 수 있을 거예요.

저 역시도 오랫동안 이런 봉사단체들에서 봉사를 했습

니다.

처음에는 단순히 더 많은 사람들과 교류하면서 봉사하고 싶다는 순수한 뜻에서 시작한 것이 어느덧 이 모임을 통해 제 평생의 친구들 10명을 사귀게 되었으니 정말 놀랍죠.

자율방범대 봉사 역시 누가 시키지 않아도 스스로 했어요. 이 과정에서 정말 많은 도움을 받았습니다.

단순히 소모임을 만든다고 내가 원하는 인맥이 자동으로 넓어지지는 않아요. 봉사 모임 안에서 친목 소모임을 만들 때 제가 어떤 방법을 썼는지 말씀드려볼게요.

우선 저는 소모임을 개설하면서 10명 정도를 모집했어요. 이런 초기 구성원은 저처럼 모임의 취지에 강하게 공감하는 일종의 핵심 멤버라고 생각하면 됩니다. 이 멤버들이 주축이 되어서 이들에게 다음 번 모임부터는 한 사람씩 데리고 나오라고 했어요.

진국인 사람들만 사귀는 법
저희 봉사 모임이 풍성해지기 위해서는 더 많은 네트워킹이 필요하다고 했더니 회원님들이 흔쾌히 동반자를 데리고 오더군요.
그런데 생각해보세요. 봉사 모임 내에서 또다른 모임에 적극적인 회원님들이 데리고 오는 분들은 정말 '진국' 아닐까요?

여기에는 "그냥 심심해서 한 번 참석해봤다"는 분들은 아마도 확실히 없을 겁니다. 실제로도 그랬고요. 이렇게 인원들이 점차 늘려나가자 이 모임을 통해서 인맥 네트워크 효과를 극대화할 수 있었어요.

영어 프랜차이즈 지사장 활동 당시 스펠링비 콘테스트에 참석한 사진. 이런 대회에서도 항상 친구를 사귀어야 한다는 것이 중요하죠.

공부도 하고
최고의
인맥도 만드는 법

예전에도 그랬지만 지금도 각 대학에는 이러한 인맥 네트워킹에 목마른 CEO들이나 사회 전문직들이 참여하는 '최고경영자과정'이라는 게 있습니다. 네, 알아요. 이쯤 되면 어떤 분들은 '색안경'을 끼고 볼 거라는 거 말이죠.

"그거 돈 많은 사람들이 돈으로 학위 따려고 가는 데 아니에요?"

어떤 분은 이렇게 항변할 수도 있을 겁니다.

생말 색안경을 끼고 보자면 그렇게 볼 수도 있겠네요. 하지만 이 분들은 사실 학위가 굳이 필요 없는 분들이 더 많아요.

이미 사회적으로 성취할 것을 다 성취했는데, 뭐가 아쉬워서 평생교육원의 최고경영자 과정 타이틀에 목을 맬까요?

오히려 이 분들이 원하는 것은 '인맥 확장'인 경우가 더 많아요.

아니, 아쉬울 것 없는 분들이 왜 인맥을 확장해? 라고 생각하실 수도 있겠네요.

그런데 오히려 자기 분야에 일에만 몰두하는 분들은 오히려 인맥이 좁은 경우가 많아요.

평생교육센터, 조찬모임, 언론사에서 운영하는 아카데미 등이 바로 인맥확장의 창구입니다.

이곳에 등록하면 평소 내가 배우고 싶었던 공부도 할 수 있을뿐더러 평소에 만날 수 없는 '고급 인맥'을 캘 수 있는 곳이라는 점 기억해주세요.

저도 평생교육원을 통해서 지금은 죽마고우처럼 지내는 교수님과 공무원 분들과 친해질 수 있었습니다. 이 분들이 저에게 어떤 도움이 되느냐고 물으면 딱히 답을 하기 어렵네요.
저는 이렇게 알고 지낸 분들과 주기적으로 '번개'를 하면서 가볍게 식사를 할 뿐, 어떠한 학연과 지연이 매개가 된 도움을 받지는 못하니까요.

그런데 이상하죠. 이 분들은 저만 보면 이런 말씀들을 하십니다.
"그래, 내가 뭐 도와줄 건 없고?"

제가 딱히 어떤 일을 할 때 도움을 요청하지 않았는데도 항상 저를 보면 도와주려고 하시는 모습을 보면서 감동을 받을 때도 있어요.

저는 이 분들을 알고 지내온 지난 몇 년 간 단 한 번도 이 분들에게 도움을 청한 적이 없습니다.

자산이 500억이 넘는다는 분, 지역 정치를 쥐락펴락하는 분들에게 무슨 부탁인들 못 할까요. 이분들에게 하는 부탁은 거의 대부분 불가능 없이 해결 가능하리라는 것조차 알고 있습니다.

그런데요, 저는 그렇게 쉬운 사람이 되고 싶지 않습니다.

고작 사소한 부탁 한 번 하려고 이 분들과 친분을 쌓은 게 아니거든요. 만약 제가 삶에서 정말 벼랑 끝에 몰려서 도움을 요청할 일이 있다면 모를까, 그때까지는 제 마지막 '와일드 카드'를 손에 쥐고 결코 이 카드를 쓰지 않을 것입니다.
또한 이것이 이 분들과 제가 그동안 좋은 관계를 맺은 비밀이기도 하죠.

세상에서 가장 큰 권력

저는 그렇게 생각해요.

세상에서 가장 무서운 권력은 쓸 수 있지만 쓰지 않은 권력 아닐까요?

그 권력을 쓰는 순간, 원하는 것은 얻을 수 있겠지만 더이상 램프의 지니는 제 앞에 나타날 일이 없을 거예요. 저는 이런 저만의 지니들을 참 많이 친구로 두고 있습니다.

그렇기 때문에 더더욱 삶에서 어떤 일이 생겨도 두렵다는 생각을 잘 안하게 된 듯해요. 저에게 어떤 어려움이 있어도, 결국 저를 도와서 해결해줄 분들이 옆에 있다는 생각 때문에 든든합니다.

신기한 것 또 한 가지는, 제가 이렇게 알게 된 인맥들과의 유익함으로 인해 더 방자하고 거만해지는 게 아니라 오히려 더 겸손하고 낮은 자세로 이 분들을 섬기게 되었다는 거예요.

어떤 사람은 자기만의 파워 인맥을 자랑하며 한껏 교만한 태도로 삶을 살지만 제 경험상 진짜 파워 인맥을 갖게 되면, 세상 누구보다 겸손한 마음이 되는 것 같습니다.

서로에게 유익한 관계

그래서 제가 내린 결론은 이거예요. 유익한 사람과 함께 있으면 함부로 행동하기 어렵다!

결국 제 주변의 풍부한 인맥이 형성된 이유는 제가 대가 없이 그 분들을 도왔거나 제가 대가 없이 남을 돕는 것을 그 분들이 직접 눈으로 봤기 때문일 거예요.

한 번은 모 대기업의 우유회사 대리점에서 연락이 온 적이 있어요. 그 우유 회사랑 아무런 연관이 없는데 갑자기? 그런 생각을 하고 있던참에 그 대리점 사장님이 전화를 하셨어요.

"일옥 씨가 항상 열심히 봉사하고 활동하는 모습에 감동 받았어요. 그래서 혹시 봉사하실 때 우유가 필요하다면 저희가 무제한 제공해드리고 싶습니다. 천개든, 만개든 상관없어요! "

그 말을 듣고 어찌나 눈물이 나고 감동이 오는지요. 저에게는 이런 감동 스토리가 정말 많습니다.
이런 관계이기에 저라는 사람에 대한 신뢰, 이걸 깨지 않기 위해서는 제 행동거지가 시간이 갈수록 더욱 조심스러워지는 것이죠.

뿐만 아니라 작은 약속이라도 절대로 어기지 않고 지키려고 죽을 힘을 다해 노력하기도 합니다.

그런 것 같아요. 유익한 관계라는 것 영원하지 않습니다. 오랜 유익한 관계가 되기 위해서는 꾸준한 자기계발을 통한 더 매력적인 '내가' 되어야 합니다.

인맥왕이 말하는 휴먼레버리지의 기술!

인맥을 쌓는 건 타인에게 기대기 위함이 아니라 나 스스로가 더욱 굳건하게 서기 위함이다. 인맥은 누가 떠먹여주는 게 아니라 스스로 하나씩 쌓아가는 것에 더욱 가깝죠. 인맥을 구체적으로 키워나갈 수 있는 기법은 사람을 관찰후 라벨링하기->공감대 형성하기->빗장해제 시키기->공들이기 하는 과정이다.

소개로 만나든, 모임에서 만나든 내가 어떤 노력을 기울여 상대를 사귈 수 있는 예비지식을 꼭 갖추는 게 중요하다.
누군가에게 사람을 소개받았을 때는 감사의 마음도 잊어선 안 된다.
소개를 한다는 건 상대에게 내 신용을 물려주는 것이기 때문에 소개받은 사람은 이를 나름대로 잘 개척해 나갈 필요가 있다.

소개를 받지 못한다고 해도 실망하지 말자. 그럴 때는 상대방의 소개만 기다리는 것이 아니라 내가 적극적으로 모임을 개설해보는 것도 좋다.

만약 내가 영어 공부를 잘하고 싶다면, 소모임을 만들자. 요즘은 네이버 밴드 같은 소모임 앱도 잘 되어 있다. 혹은 평소 자주 가는 도서관에 양해를 구하고 스터디 멤버 모집 글을 올려보자.

인맥의 기술 4.

휴먼 레버리지 작동시키기

이제는 힘들여 구축한 인맥을
활용할 때입니다. 그동안 인맥 자본을
탄탄히 구축했다면 여기에서 수많은 이들의
도움을 받을 수 있는데, 내가 가진 인맥을
최대한으로 잘 작동시키는 법을 공개합니다.

휴먼 레버리지를
활용해서 사업하기

그동안 씨를 뿌리고 물을 주어 싹을 트게 만들고, 나아가 이렇게 구축된 사람들을 네트워킹으로 연결함으로써 좋은 인맥으로 형성하는 방법을 말씀드렸습니다. 그리고 구축된 인맥의 힘을 함부로 쓰기보다는 이 힘이 갖춰진 상태에서 나 자신을 더 나은 사람으로 업그레이드시킨다는 제 나름의 '인맥관'을 설명드리기도 했어요.

그런데 이렇게 말하면 어떤 분께서는, 제가 인맥을 그저 남보기에 좋은 한갓 장식으로만 인맥 자랑을 하는 것처럼 생각하실지 모릅니다.

"그렇게 좋은 인맥을 써먹시도 못하고 쇼윈도에 장식만 하면 그게 뭐가 좋은 거야?"
이렇게 되묻는 분들 분명 있을 거예요.

그런데 저요, 이 인맥을 그저 장식용으로, 남에게 보여주기 식으로 쌓은 것이 결코 아닙니다.

저는 지금도 이렇게 쌓은 인맥을 진심으로 즐기고 있고, 여기서 창출된 저만의 가치 사슬로 제 사업에 적용하고 있습니다.

비즈니스는 철저히 주고 받기 관계죠. 내 이득을 극대화하기 위해 끊임없이 경쟁하는 사람들 틈에서도 저는 먼저 주고, 그 사람이 필요한 것을 먼저 해결해주는 방식으로 제 사업의 성공을 만들어왔습니다.

이 번엔 그렇게 제가 인맥을 활용해 구체적으로 사업에 성공했던 저의 사례를 한 번 들려드려볼게요.

학원사업의 비밀

먼저 제가 학원사업을 하게 된 동기부터 말씀드릴게요.

어느 날 제 지인이 갑자기 학원 선생님이 그만두었다고 저보고 잠깐 학원에서 선생님으로 일해주면 안 되겠냐는 제안을 했어요.

그때 저는 아무 생각 없이 알겠다고 해서 일하게 되었는데, 가만히 보니까 이 학원 사업이 꽤 큰 돈이 벌린다는 걸 알게 되었어요.

그리고 제가 '땜빵' 강사가 아니라, 실제로 학원을 직접 운영해볼 수 있겠다는 자신감이 생겨서 실제로 학원을 오픈 했습니다. 제가 직접 학원을 차려보니 그 전에 눈에 보이지 않던 게 보이기 시작했어요.

학원 운영사업이 확장되어 학원 프랜차이즈 가맹점 사업까지 하게 되었어요.

한 개의 프랜차이즈 회사로 설명해볼게요. 인적 구성을 보면 선생님, 학원 원장, 지사장, 그리고 프랜차이즈 대표가 있습니다.

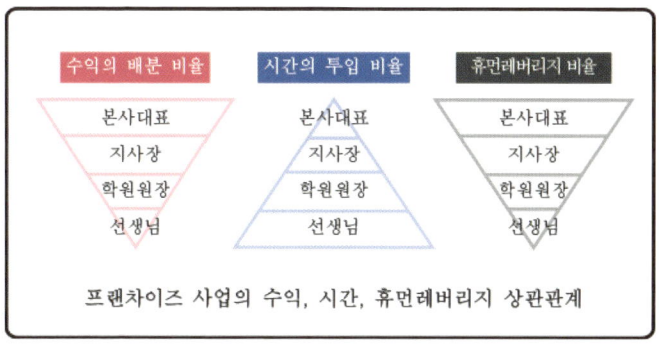

프랜차이즈 사업의 수익, 시간, 휴먼레버리지 상관관계

그런데 짐작하셨겠지만 위 구조도에서 돈을 가장 많이 버는 사람은 누구일까요? 바로 프랜차이즈 대표입니다.

돈도 가장 많이 가져가지만 일은 가장 적게 하는 사람이기도 하죠. 그럼 정확히 그 반대인, 가장 일을 많이 하면서 돈을 적게 가져가는 사람도 누군지 아시겠죠?

바로 학원 선생님입니다.

이렇게 말하면 본사 대표가 나쁜 사람 같지만 꼭 그렇지만은 않아요. 이 사람은 노동력과 노동시간의 투입은 적지만 대신, 학원이라는 프랜차이즈 시스템을 설계하는 데 자본을 투자했기 때문이죠.

친구의 학원에서 선생님으로 일하다 금방 그만두고 학원을 직접 차린 계기가, 이런 휴먼 레버리지를 통한 네트워크 구조를 잘 간파했기 때문입니다.

저도 실제로 원장이 아니라 지사장을 해보니 일은 적게 하고, 돈이 더 많이 벌리는 신기한 경험을 했어요. 그런데 당시에는 네트워크의 원리를 이해하지 못하고, 제가 왜 돈을 많이 버는지에 대해서 스스로도 의아해했던 시기였습니다.

프랜차이즈 지사장은 누구인가

지사장의 역할은 상권분석후 가맹점을 내어주고, 그렇게 오픈한 학원이 잘 운영되도록 교육을 하고 프로그램을 서비스하는 일을 합니다. 프랜차이즈 본사와 가맹점 간의 브릿지 역할을 하는 사람입니다.

처음에는 저도 가맹점이 없어서 열심히 발로 뛰었습니다. 몸으로 고생하는 시간들이 필요했던 거죠.

그런데 저는 이때에도 돈만 벌기 위해 일을 하는 사람이 아니었어서 즐겁게 뛰어다닐 수 있었어요.
지금 돌이켜보면 대략 10개의 가맹점이 만들어질 때까지는 엄청 발로 뛰었던 기억이 납니다.

그런데 딱 10개 이상의 가맹점이 생기자, 그때부터는 제가 일을 하지 않고도 돈이 벌리는 구조가 만들어졌어요. 어떻게 그렇게 되었는지는 조금 뒤에 자세히 말씀드리겠습니다.

가맹점 사업을 처음시작해서 원장님 한 사람 한 사람이 소중했어요.

그래서 저도 마치 아기 다루듯, 사소한 것 하나까지 케어를 해주면서 다 가르쳐주었습니다. 심지어 컴퓨터 프로그램 사용법을 마우스를 함께 잡고 하나하나 가르쳐주기도 했어요.

그렇게 한 개의 학원이 안정적으로 자리를 잡을 때까지 학원 인테리어부터 마케팅, 학부모설명회등 다양한 서비스를 제공했죠.
그땐 일을 하루 15시간도 넘게 했던 것 같아요.

내시간의 주인은 나, 시간을 벌면 돈을 번다.

어렸을때부터 내시간의 주인은 내가 되자는 게 삶의 모토였어요.

제가 만나는 대부분의 사람중에는 시간이 있는 사람은 돈이 없고, 돈이 있는 사람은 시간이 없더라구요.
아침에 출근해서 저녁까지 일을 해서 돈을 버는 건 신성한 노동력의 댓가라고 생각합니다.
내 시간을 어떻게 하면 더 벌 수 있을지... 대해 고민을 많이 했어요. 그러다가 떠오른 아이디어가 있었죠.
기존 가맹점 원장님들에게 새로운 제안을 했어요. 가맹점 사업을 도와주면 가맹비의 일부를 주겠다고 한 것이죠.

제 수입의 일부를 인센티브로 주겠다는 약속이었죠.
제가 그렇게 한 이유는 판매자인 지사장이 프로그램이 좋다고 설명하는 것보다, 직접 사용하고 있는 원장님이 학원을 운영해보고 느끼는 경험, 프로그램의 장단점을 말해주는것이 제가 백마디 하는것보다 훨씬 신뢰도 높을거라 생각했기 때문이죠.

그렇게 기존 원장님과 신규 원장님이 연결이 되도록 중간 역할을 계속 해주다보니까 신기한 일이 벌어졌습니다. 신규 계약을 하는 원장님들이 더욱 많아진 거예요.

제가 하루에 10시간씩 일해도 안 되던 것이, 이제는 하루에 1시간만 일해도 전과 같은 효과를 가져왔으니 신기했죠. 전체적으로 일은 줄어들고, 수입은 줄어들 것 같았지만 오히려 가맹점 계약 건수가 늘면서 수입이 더 늘었어요.

물론 이렇게까지 할 수 있었던 건 신뢰에 대한 철저한 저의 노력 때문이었죠. 어릴 때 아버지가 어찌나 저에게 신뢰를 강조했던지, 그 부분이 뇌리에 깊이 박혀서 사업을 할 때도 아버지의 신조가 곧 저의 사업 신조가 되었어요.

저는 허황된 홍보를 하기보다 진실하고 정직한 마음으로

설명을 했고 그렇게 영업을 하자 이곳저곳에서 가맹 계약을 하겠다며 저를 찾아오기 시작했습니다.
여기에도 일종의 레버리지 효과가 작동을 한 거였어요.

그렇게 저의 일은 점점 더 줄어들어서 이제는 학원 관련 일을 전혀 하지 않고 다른 일을 할 수 있는 시간도 생겼죠.
제가 가맹점 수수료를 공유하자 원장님들은 저를 더욱 신뢰했고, 서로서로 이익이 되는 상생관계가 되어 모임도 생기면서 구조가 튼튼해질 수 있었어요.

그렇게 영어 가맹 프랜차이즈 사업으로 가맹점을 무려 42개까지 늘리는 성과를 거둘 수 있었습니다. 그래서 그 결과 그 영어프랜차이즈 회사에서 제가 전국 1등을 오랫동안 유지했고 작년엔 그 영어프랜차이즈 대표 회장님으로부터 그 회사를 인수해서 맡았으면 하는 제안도 받았어요.

학원장 교육 세미나 사진. 프랜차이즈 가맹점 사업을 잘하니 다른 회사에서 끊임없이 사업 제안이 들어오게 되었습니다.

한 개의 프랜차이즈 가맹점 사업을 잘 하니까 또 나른 영어 회사에서 사업 제안이 끊임없이 들어옵니다.
그결과 영자신문회사 지역 본부장을 맡았고 해외유학사업, 전화영어사업 등으로 확장되었습니다.

여기서도 신뢰있는 네트워크에 힘이 작동하는 것입니다.

자 보세요.
"R" 이라는 학원이 저의 고객입니다. 이 학원 제가 가지고 있는 "W"라는 프로그램을 한 개를 사용하고 있네요.
그런데 여기에 영자신문, 해외유학, 전화영어 등등 학원에 접목할 프로그램을 제가 취급하고 있어요.
그러면 "R" 이라는 학원은 제가 판매하고 있는 상품 모두를 사용하게 될 확률이 큽니다.
서로 신뢰있는 네트워크 힘이 있으니까요.

그러다보니 저는 아무 것도 하지 않고 한 달에 수천 만원 정도의 수입을 올릴 수 있었어요.

제가 저 스스로를 자랑하려고 이런 얘기를 꺼낸 게 아니에요.

제가 말하고 싶은 건 지금 하는 일을 부분적으로라도 위임할 수 있고, 그 시간에 자신만이 할 수 있는 일을 한다면 생산성도 올라가고 모든 일은 네트워크 효과가 작동할 거라는 뜻입니다. 놀랍지 않나요?

제가 사업을 할 때 중요하게 여겼던 몇가지 키워드를 말해볼께요.

내가 잘하는 것과 못하는 것

사람은 저마다 장단점이 있습니다.
타고난 달란트가 다르기 때문이죠. 어떤 사람은 글을 잘 쓰고 어떤 사람은 회계 분석을 잘 합니다. 저 같은 사람은 말솜씨가 있기 때문에 인맥의 여왕이라 불리면서 대한민국 제 또래의 어떤 여자보다 다양하고 화려한 커리

어를 만들 수 있었죠.

제 경우는 사업에서 저의 부족한 면을 인맥을 통해서 보완하는 방식으로 일을 펼쳐나갔던 것 같아요.
어떤 일이든 다방면의 재능이 필요한데, 저는 부족한 사람이라 제가 잘하는 것은 제가 온전히 도맡되, 제가 잘 못하는 분야는 철저하게 다른 사람에게 위임함으로써 일의 효율을 극대화한 거예요.

관계를 적극적으로 아웃소싱하자

저는 '아웃소싱'이란 말을 참 좋아해요. 어떤 사업가는 숨쉬는 것도 바빠서 아웃소싱하고 싶다고 농담처럼 말하지만 우리는 모든 걸 스스로 해결하고 처리해야 한다는 잘못된 교육 방식 때문에 모든 일을 내가 다 끌어안으려는 경향이 있습니다.

만약 내가 식당을 운영한다고 합시다.

요리를 잘 하는 사람은 주방에서, 계산을 잘 하는 사람은 카운터에서 일하면 일이 훨씬 효율적이죠.

기업을 운영할때도 혼자서 세금, 법률 등의 실무를 다하기 보다는 전문파트를 두어 그곳에 맞는 전문인력을 적재적소에 배치하는 것이 사업을 효과적으로 운영하는 방법입니다.

아무리 뛰어난 사람도 혼자서 모든 일을 다 할 순 없어요. 앞서도 말했듯 아무리 대단한 사람도 열에 아홉은 다른 사람의 도움을 받아서 일을 처리하게 됩니다. 그렇기 때문에 아웃소싱은 나쁜 게 아니라, 철저히 활용해야 할 키워드죠.

아웃소싱을 조금 더 적극적인 개념으로 생각해보세요. 워킹맘이 일터에 나갔으면 살림은 다른 가족에게 아웃소싱하는 거죠.

계획을 잘 못세우는 사람은 여행 일정을 다른 친구에게 맡겨야 합니다. 집에서는 돈 관리를 잘하는 사람이 가정

살림을 맡아야죠.

옷을 고를 때도 잘 못 고르겠으면 나보다 옷을 보는 감각이 뛰어난 사람이 따라가면 도움이 됩니다.

이처럼 서로가 서로를 아웃소싱하는 건 일상생활에서 흔히 있는 일이에요.

결코 이걸 부끄러워하거나 두려워하거나, 혹은 숨길 필요가 없습니다.

저는 이렇듯 사업을 할 때도 적극적으로 사람을 아웃소싱을 하는 편입니다. 신뢰할 수 있는 상대를 선택하되, 그에게 한 번 일을 맡겼으면 끝까지 믿고 기다려주는것도 제 스타일이죠.

그를 믿기 때문에 그가 하는 일도 자연스럽게 신뢰를 하게 됩니다. 그렇다고 제가 단순히 상대에 대한 신뢰 하나로 모든 일을 처리하는 건 절대 아닙니다.

계약서는 필수로 작성

저는 가족끼리 일을 할 때도 반드시 계약서를 써야 한다고 생각해요.

경험상 친하다는 이유로 사업 파트너가 된 지인과 계약서를 안 쓰고 함께 일하면, 좋을 때는 좋지만 사업이 안 될 때는 그것만큼 힘든 게 또 없었어요.

아주 기본적인 내용이라고 하더라도 계약서를 작성해두면 그에 따른 책임감으로 사업이 잘 되든, 그렇지 않든 관계를 오래 유지할 수 있습니다.

왜냐면 계약서대로 이행하면 되기 때문에 서로 간에 불필요한 감정소비로 시간 낭비를 하지 않기 때문이다.

선의 후리

사업은 이익을 추구하는 활동이지만 내 이익보다는 일단 나와 동업을 하는 상대의 이익을 먼저 챙깁니다.

내 이익은 그 다음 순서이지요.

제가 영어 프랜차이즈 사업이 한참 잘 될 때였어요.
가맹 사업은 '권역'이라는 게 있는데 거리제한을 두어 한 지역 내에서도 정해진 구역에서 영업을 함으로써 적정선에서 경쟁이 이뤄지게끔 하는 겁니다.
예를 들어 500미터 지역안에 한곳만, 또는 학교 한 개당 한곳만 등등...

저는 당연히 원장님들에게 할당된 권역에서만 가맹점을 내어주고, 가맹권역 안에서도 일정한 간격을 두고서 출점을 하도록 했죠.

그런데 어느 날 저에게 정말 '솔깃한 제안'이 오게 됩니다.

기존 가맹 학원 바로 맡은 편에 위치하고 있는 다른 브랜드 학원에서 저의 프랜차이즈로 변경하고 싶다는 거래 요청이 들어옵니다.

그 변경 요청이 들어온 신규학원의 규모는 기존학원 규모의 3배 이상의 큰 대형학원이였습니다.

당시 규정상 권역이 겹치지도 않아서 제가 가맹으로 돈을 벌기엔 참 좋은 기회였어요.

내 이익을 포기하고 의리를 지킬 것인가

이때, 여러분이라면 어떻게 하시겠어요?

그런데 저요, 그 학원의 가맹점 입점을 받아주지 않았습니다.

계약서상으로는 아무런 하자가 없는 부분이었는데도, 기존 학원 원장님의 입장이 이해가 되었고 무엇보다 의리를 생각해서 제 이익을 포기한 거예요.

"그거야 그 순간에는 고마워하겠지만 그 원장님도 결국

자기 이익을 극대화하는 쪽으로 가지 않을까요?"

어쩌면 이렇게 되묻는 분도 계실지 모르겠습니다.

맞아요. 만약 그 원장님이 저랑 입장이 바뀌었더라면 원장님은 그 대형학원과 계약을 했을 수도 있죠. 저 혼자 착한 척을 하자고 좋은 기회를 놓친 게 사업적으로 맞는 선택이냐, 라고 묻는다면 할 말은 없어요.

하지만 저는 삶의 이유가 오로지 돈이 목적이 아니라, 주변 사람들과 함께 행복하게 성장해나가는 게 모토였기에 그런 선택을 했던 데에 후회가 없었어요.
또 제가 이런 선택을 해서 득을 보지 않았다고 생각하신다면 그것도 틀렸습니다.

저는 그 일을 계기로 득을 봤습니다. 그것도 엄청나게요!

이 일이 입소문이 퍼져서 저를 더욱 믿고 신뢰하게 된 원장님들이 제가 이후 다른 교육프로그램을 권유했을 때 모두 군대처럼 일사분란하게 따라주었답니다.

더 큰 이익을 위한 포기

영어에는 'longterm greedy'라는 말이 있어요. 내가 가질 이익을 당장 눈앞의 관점으로 보지 않고, 조금 더 긴 호흡으로 바라보면 오히려 더 큰 이득이 돌아온다는 거죠.

저는 이 말 속에는 항상 나보다 상대방을 먼저 생각하는 습관이 담겨 있다고 생각해요. 그렇기 때문에 리더는 'short term'이 아니라, 'long term'으로 자기 욕심을 계획할 수 있는 거죠.

휴먼 레버리지를
활용해서
인맥 극대화하기

동네에서 저를 만나는 아주머니들은 제가 웃으면서 인사하면 항상 이렇게 말합니다.

"아이고, 동네 지킴이 오셨수! 우리 동네는 양 의원 없으면 안 돌아가!"

제가 정치를 내려놓은지 시간이 좀 지났는데도 아직도 저를 양 의원, 이라고 부르는 분들이 많아요.
혈혈단신으로 촌에서 올라온 사람이 지역을 대표하는

정치까지 하게 될 줄은 저 역시 몰랐습니다.

제가 인맥을 관리하면서 "이번에는 정치에 도전해볼까?"라고 생각하지도 않았었구요. 이 모든 일은 제 인생에서 차근차근 준비되어서 펼쳐진 인생의 여정이었습니다.

정치에 출마하게 된 이유

제가 동네에서 이 일 저 일에 참여하는 오지랖인 건 맞아요. 오죽하면 제 별명이 양 반장일까요. 어르신 병원 정기검진부터 미용실 사장님 생일까지 챙기는 저는 휴대폰 스케줄러의 알림이 1분마다 울립니다. 그러면 저는 가볍게 미소를 지으면서 또 생각하죠

'이번에는 누구를 행복하게 만들까?'

이렇게 아무런 조건 없이 남을 돕는 게 습관이 되다보니, 자연스럽게 정치 분야를 알게 되었어요. 오래 전 봉사단

체에서 봉사를 할 때만 해도 저는 정치에 전혀 관심이 없었습니다.

그저 지역 주민이 필요한 일이라면 발벗고 나서 도움을 주었을 뿐, 이걸 어떤 정치적 의도로 한 건 아니었거든요.

그런데 저에게 정치를 하라고 권유한 분들은 오히려 지역 주민 분들이었어요.
"아이고, 양의원이 정치 안 하면 누가 해? 우리가 밀어줄 테니 한 번 해봐."

그렇게 얼떨결에 제가 구의원으로 난생 처음으로 정치까지 하게 될 줄은, 저는 정말 상상도 못했습니다.

그저, 인맥 하나 때문에 이런 좋은 일까지 생기는 거죠.

정치활동 할 당시의 홍보 팸플릿. 정치경험이 전무했던 제가 성공할 수 있었던 것은 휴먼 레버리지 덕분이었습니다.

모든 인간관계는 비즈니스다

너무 의도를 깔고 사람을 대하는 거 아니냐고 비판하시는 분들도 있을 거예요. 저도 압니다. 하지만 저는 인간관계는 비즈니스라고 생각해요.

어떤 사람이든 자기에게 서비스를 잘하는 사람은 좋아하고, 냉랭하게 필요할 때만 찾는 사람은 멀리하게 되잖아요.

저는 누구를 만나든지 상대방을 늘 서비스 정신을 가지고 대하는 것이 몸에 배어 있었죠. 이건 꼭 사업을 할 때뿐만 아니라 친구를 만나거나 동네 미용실에 갈 때나 항상입니다. 제가 정치를 할 때도 저는 서비스 정신으로 임했어요.

제가 정치인으로 당선되고 나니 저를 아는 몇몇 사람들은 처음엔 어리둥절하더군요.

"네가 갑자기 왜 정치를 해?" 이런 반응이었습니다.

저는 어떤 분야에 편견이라는 게 없어요. 정치도 나쁘게 보는 사람도 있지만, 저는 정치는 사람이 하기 나름인 것이지 그 자체로는 좋고 나쁨이 없다고 생각해요.

봉사활동을 하다보니 어르신들 중에서 혼자서 힘들게 살고 계신 분들이 참 많더라구요. 손자까지 키우면서 말이죠.

그런 분들을 좀 도와줘야겠다는 생각에 구청을 방문했는데 구청에 가면 듣는 말이 "시청 가서 물어보세요"였어요. 그렇게 시청에 가면 이번에는 "이건 구청에서 해결하셔야겠는데요"였죠. 한 마디로 어느 부서도 딱 부러지게 이게 우리 일이다, 라고 자신있게 말하지 못하는 걸 보고 민원을 해결하는게 어렵겠다 생각이 들었습니다.

그때 결심했어요. 이건 내가 제도권 안에 들어가서 해결해야 할 문제라고. 단지 봉사를 더 잘하겠다는 생각으로 정치에 도전한 것이었죠. 아마 제가 봉사를 하지 않았다면, 그런 오기도 생기지 않았을 거란 생각이 드네요. 그런데 신기하죠? 막상 정치를 하려고 하니 제가 봉사를 할 때 도움을 주셨던 분들이 내 일처럼 발벗고 나서서 도와주셨으니 말이에요.

그렇게 또 한 번 휴먼 레버리지를 통해 정치까지 하게 된 거죠.

정치인으로 약속을 지켰다는 증표 '매니페스토 약속대상'까지 받았었네요.

정치에 대해 흔히 오해하는 것이 "권력만 내세우는" 직업이라는 것이죠. 하지만 막상 제가 정치를 해보니 사람의 마음을 사는 것이 정치라는 생각이 들더군요. 세상에서 돈 주고도 못사는 게 바로 '사람 마음'입니다.

마음은 마음으로만 얻을 수 있어요. 그렇기에 부지런히 움직이면서 상대방의 마음을 얻기 위한 노력을 해야 하는 거죠. 정치인이야말로 세상을 가장 많은 사람을 만나는 직업 같아요.

지역구 주민, 공공기관 공무원 등 많게는 하루에 1000명 넘게도 만난 적도 있죠. 사람은 저마다 직업은 물론 성격과 기질이 각각 다르기에 그에 맞추어 제 마음을 연결해야 해요. 모든 상황에서 제 마음처럼 맞을 수는 없겠죠. 그렇기 때문에 항상 노력해야 하는 거예요. 제가 정치를 하면서 배운 건, 나와 전혀 다른 사람의 마음을 맞추어 그 사람의 마음을 얻는 법을 배운 것입니다.

휴먼 레버리지로 주변에 영향력 행사하기

아마 정치는 저의 휴먼 레버리지 활용의 끝판왕이 아니었나 생각해요.
핏줄 하나 없었던 곳에서 혈혈단신 제가 정치인이 되어서 뱃지를 달았으니까요. 그것뿐인가요.

정치인이 되어서 휴먼 네트워킹을 적극 활용해서 선거철에 내세운 공약을 전부 다 지키고, 매니페스토 약속대상에서 최우수상까지 받았으니 말이죠.

"아니, 어떻게 초선 정치인이 그런 활약을 할 수 있어요?"

사람들은 동해 번쩍 서해 번쩍 하는 저를 보면서 그렇게 물어보셨어요. 그때마다 저는 자신 있게 "저는 휴먼레버리지가 무기니까요"하고 말을 했죠.

사람들은 정치인 하면 "선거 때만 반짝 잘하고 당선된후에는 약속을 안 지킨다"는 말을 하잖아요.

그래서 저는 제가 정치인이 된 후 무엇보다 저는 약속을 지킬려고 했고 정치인의 공약은 지켜져야 한다는 강한 신념을 가지고 있네요.

자, 여기서 제가 드리고 싶은 말씀은 휴먼 레버리지를 구축한 이후에도 제가 어떻게 이를 잘 작동시켰는지 설명 드리기 위해서예요. 아주 간단한 몇 가지 법칙을 말씀드리려고 하니 잘 들어주세요.

첫 번째, 배우는 자세로 경청하기
휴먼 레버리지를 실전에 활용할 정도가 되면 아마 사람들이 먼저 나에게 다가와서 이것저것 요청을 하게 되죠. 그렇게 부탁을 받다보면 나도 모르게 '권력'을 휘두르고 싶어져요.

정치인은 특히 그렇죠. 어디 가면 "의원님, 의원님" 그러면서 저한테 밥 사주고 심지어 선물도 막 주려고 해요.

그럴 때면 저는 극구 받지를 않았어요.

그리고 오히려 이렇게 말했죠.
"저한테 뭐 부탁하실 거 있으면 말씀하세요.
저는 주민을 위해 봉사하는 심부름꾼이니까 제가 할 수 있는 일이라면 제가 할께요."

그렇게 말하면 상대방은 깜짝 놀랍니다.
보통 정치인라면 권리를 누리려고는 하지만 의무를 다하지는 않을려는 경향이 많기 때문이겠죠.

이건 제가 겸손한 사람이라서가 아니에요.

저도 권리도 누리고 싶지만 의무를 더 중요하게 생각하기 때문이죠.
정치인으로서 주민을 위해 해야할 일이 무엇인지 먼저 생각합니다.

그렇게 의무를 다하기 위해서는 주민들의 정확한 의견이 무엇인지 어디가 가려운곳 인지를 파악하는 것이 우선이겠죠.

전 먼저 주민들의 목소리를 배우는 자세로 경청합니다.

여기서 제가 말을 하기 시작하면, 주민에게 아무것도 배울 수가 없겠죠.

사람들은 저에게 무슨 말이든 해주기를 바라며 그럴 때 하고 싶은 말을 시원하게 하면 기분은 좋을겁니다.

하지만 이렇게 저하고 싶은 말만 하면 제대로 배울 수가 없어요.

그리고 그렇게 제대로 배우지 못한다면 정치를 하는 의미가 없을거라고 생각해요.

경청을 하다보면 나의 목소리에 귀를 기울이게 되고, 기존에 지식과 새로운 지식이 합쳐져 지식이 지혜로 변한다는 사실을 알게 될겁니다.

경청은 협상과 타협을 모색하는 가장 품격있는 행위입

니다.

두 번째, 다른 사람을 설득하기

그렇다고 해서 휴먼 네트워크 파워를 써야 할 때가 없는 건 아닙니다. 저도 인맥을 동원해서 문제를 해결할 일이 정말 많았어요.

특히 정치인은 설득하는 직업이라고 해도 과언이 아닐 정도로 다른 사람에게 제안하고, 일을 추진하는 능력이 필요하죠.

그럴 때 저는 제 주장만 일방적으로 하기보다는, 상대방의 말을 먼저 듣고 그 다음 상대를 설득했습니다.
제가 설득할 필요가 없이, 힘을 휘두르면 문제가 해결될 수 있다는 걸 상대방이 이미 알고 있는 상황에서도, 저는 결코 일방적으로 제 힘을 과시하지 않았어요.

주민들과 간담회 사진. 문제 해결을 위해 먼저 잘 듣고 설득하기

대신 상대에게 왜 일이 이렇게 진행되어야만 하는지, 그리고 어떻게 하면 상대방이 이 일에 참여해서 도움이 될 수 있는지를 설득했어요.

그렇게 하다보니 정말 신기한 일이 벌어지더라구요.

단순히 설득의 대상이었던 상대방이 이제는, 저와 의견을 공유하면서 먼저 저 얘기를 들어보려고 하는 거예요.

쌍방향 소통이 시작된 거죠.

이렇게 했더니 정치를 한 시간 동안에 저는 공약으로 내세운 걸 모두 지킬 수 있었고, 나아가서 상도 받을 수 있었어요.

사람들은 저한테 "약속을 지키는 유일한 정치인"이라는 칭찬까지 해주셨죠.

휴먼 레버리지는 양방향 소통이다

자, 제가 말한 내용은 결코 어려운 게 아닐 겁니다.

누구나 할 수 있어요. 다만 그렇게 못하는 이유는 자신의 생각과 고집만 내세워서 일을 처리하려고 해서 그런 것이고, 주변 사람들의 말을 경청하고 소통하지 않기 때문이에요.

휴먼 레버리지는 양방향 소통과 같습니다. 아무리 싫은 사람의 말이라도 분명히 거기엔 내가 모르는 점이 있을 수 있고, 내가 배워야 할 게 있을 수 있다는 점을 인정하세요.

그리고 상대방을 적으로 만들지 말고 내 편으로 만드세요. 그럼 휴먼 레버리지 파워가 한 번 더 업그레이드가 됩니다.

너무 어렵다고요?
처음부터 다 잘하려고 하면 그럴 수 있죠.

매일 조금씩 노력하면서 나를 키워가다보면 언젠가는 이 글을 읽는 분의 휴먼 파워도 올라갈 겁니다.

상위 10%
부자들과
인맥을 쌓는 비법

사람들이 인맥을 가지려고 하는 이유는 단순해요. 성공하고 싶기 때문이죠. 좀 더 직설적으로는 돈을 많이 벌고 싶고, 그렇게 많은 돈과 인맥으로 인생을 편하게 만들고 싶어서예요.

제가 아는 변호사, 세무사들은 인맥이 돈이라는 걸 알기 때문에 부지런히 조찬모임 등에 나갑니다. 이렇게 열심히 노력해도 원하는 인맥을 갖는 건 어렵죠.

부자들은 그들만의 리그가 있다.

하지만 저는 앞서 설명해드린 대로 휴먼 네트워크를 활용하니 굳이 애를 쓰지 않고서도 부와 인맥이 자연스럽게 따라 왔어요.

그렇다고 제가 순진하게 착하게 살면 좋은 인맥이 알아서 모인다, 라고 생각하는 건 아닙니다. 현실은 냉정해요. 자산 50억, 100억 이상 가진 사람들과 교류하다보니 그들은 철저하게 '그들만의 리그'가 있다는 걸 알았죠.

부자는 놀 때도 부자들끼리만 놀고, 무언가를 배우거나 여행을 갈 때도 그들끼리만 활동을 합니다. 어떻게 보면 참 무섭죠. 그런데 그들은 부와 권력이 없는 사람을 일부러 배척하는 것은 아닙니다.

다만 교류를 하는 과정에서 자연스럽게(?) 이런 화학적 작용이 일어나는 것이죠.

그 이유가 뭘까요?

저는 가끔 왜 가난하고 권력이 없는 사람과 부자가 친해질 수 없는지 곰곰이 생각해봤습니다.

어떤 분들은 여유가 있고 없고의 차이라고 생각할 수 있지만 제 생각은 좀 달랐어요. 제가 보기에 자산가들의 생각과 가치관이 일반인의 그것과 다르기 때문이라는 결론을 내렸습니다. 어떤 점이 다른 건지 한 번 살펴보는 것이 중요할 것 같아요.

첫째, 부자들은 시간을 절대 허비하지 않습니다.

사람이 삶을 사는 데 공평하게 부여된 것은 바로 시간이죠. 우리는 누구나 시간을 어떻게 활용하느냐에 따라서 삶을 좀더 알차고 여유있게 살 수 있는 것입니다.

아이러니 하게 여유라는 것은 철저한 관리에서 나온다는 걸, 부자들의 행동방식을 통해 배웁니다.

그들은 절대 시간을 허투루 쓰지 않더라구요.

겉으로 보기에는 유유자적, 여유가 넘치는 건 맞지만 그런 여유 속에서도 시간을 더욱 가치 있게 쓰기 위한 보이지 않는 노력이 숨어 있습니다.

마치 백조가 호수에서 느긋해보이지만, 수면 아래에서는 열심히 발을 휘젓는 것과 같죠.

자신에게 주어진 시간을 통제할 능력이 있는 사람만이 인맥 부자가 될 수 있어요. 그렇다면 당장 오늘부터 시간을 관리하는 힘을 키우는 게 어떨까요?

둘째, 그들은 끊임없이 자신을 연마합니다.

어느 정도 직위도 있고 자산도 있는 분들이라고 해서 현상유지에 만족하지 않습니다. 단연코 그들은 결코 스스로에게 만족하지 않죠.

지금보다 더 많은 부를 쌓고, 지금보다 더 많은 영향력을 펼치기 위해 노력합니다. 그 과정이 설령 고통스럽다고 하더라도, 그들은 자신이 이를 통해서 성장하고 배울 수만 있다면 조금도 이 과정을 고통스럽게 여기지 않아요.

셋째, 그들은 어떤 경우라도 약속을 잘 지킵니다.

사람의 마음을 움직이는 것은 진정한 마음입니다.
진정한 마음은 신뢰속에 더욱 튼튼해집니다.
신뢰를 얻기 위해 어떻게 하는 것이 좋을까요?
신용이 반복되어야만 신뢰를 얻을 수 있다는 말이 있는 것처럼 신용이란 아무리 작은 약속이라도 반드시 지키는 일에서부터 시작되기 때문입니다.

저는 만약 일반인이 위 세 가지만 몸에 배어 있다면 자산이 없어도, 사회적 지위가 없어도 부자들과 친구가 될 수 있다고 생각해요.

그런데 참 아이러니하죠.
앞서 말한 위 세 가지 자질을 키우는 것이 꽤 어렵나봅니다. 그렇지 않고서야 세 가지 자질을 기르지 못한 사람들이 부자들과 친해지기 위해 많은 돈을 쓰는 걸 보면 말이죠. 자질을 갖추지 못하면 돈을 지불해야 합니다.
많은 이들이 돈이 있으면 자질이 생긴다고 하지만 천만

의 말씀입니다. 자질이 생겨야만 돈이 따라 붙습니다.

어쩌보면 부자라는 것은 돈이 많은 것은 하나의 결과일 뿐, 위와 같은 끊임없는 노력이 부를 가져다준 건 아닐지 한 번 생각해볼 필요가 있습니다.

부자들의 마음과 생각을 엿볼 기회
휴먼 레버리지를 활용한다는 건 그런 부자들의 생각과 마음가짐을 엿보는 기회라고 생각합니다.
이 레버리지를 개인의 영달을 위해 활용하는 사람들은 부자들과 오랫동안 친분을 쌓지 못하죠.
하지만 휴먼 레버리지를 스스로의 역량을 한층 더 키우는 기회로 활용하는 사람들은 결과적으로도 부자들의 도움을 얻어 원하는 바를 얻어내더군요.

세상에 공짜는 없다

제 경우는 열정을 가지고 성실함으로 꾸준히 활동하다보니 상대방의 마음을 쉽게 얻었어요.
그렇게 정신없이 인맥을 쌓다보니 일상 생활에서 제가 많은 사람들에게 도움을 받을 수 있다는 걸 알았죠.

지금은 돈 한 푼 안 들이고 제가 일상 생활에 무슨 도움이 필요하면 꼭 그 사람에게 전화를 합니다. 그럼 99.9%의 일이 해결이 됩니다.

이렇게 되기까지 제가 한 노력은 정말 피와 같은 땀방울이 송글송글 맺히는 나날이었어요. 세상에는 정말 공짜가 없죠.

노력한 만큼만 대가를 가져가도록 되어 있습니다.

휴먼 레버리지라는 말은 '지렛대'를 활용해 인맥을 폭발적으로 넓힌다는 뜻입니다. 이렇게 꾸준하게 노력하기가 어려운 분들에게 한 가지 또 팁을 드릴게요.

쉽게 레버리지를 활용해 인맥을 구축하는 방법입니다.

바로 '정치인'을 친구로 만드는 거예요. 정치인 친구가 한 명 있으면 그 사람 주변에 있는 수많은 전문가들과 친해질 수 있습니다.

"나는 정치인 왠지 싫어, 믿을 수도 없고!" 이렇게 말씀하시는 분들도 있지만, 정치인은 그냥 내버려두면 안 돼요. 본인이 그걸 원하지도 않지만 이렇듯 주변 사람들이 그 정치인을 잘 '활용'해주길 바라는 사람들이 정치인입니다.

내가 낸 피 같은 세금으로 일할 사람을 뽑았으니 당연히 잘 활용해야 하지 않을까요? 그러려고 정치인을 뽑는 거니까요. 저 역시도 정치를 하고 나니 주변에 사람들에게 더 많은 도움을 줄 수 있었어요.

억울한 사람한테는 변호사를 연결해주고, 아픈 이에게는 의사를, 어려운 사람에게는 복지 공무원을 연결했죠.

세금 도움이 필요한 사람한테는 당연히 세무사를 연결해줬구요. 이렇게 했더니 연결을 받은 분은 물론, 도움을 준 전문가들까지도 굉장히 뿌듯해하면서 보람을 느꼈습니다. 당연하죠.

내 전문 지식으로 봉사하고, 그 봉사가 결국 나에게 선순환이 되어 돌아온다는 것을 잘 알고 있는 분들이었으니까요.

솔직히 말할게요. 저는 지금 세상 사는 데 별로 무서운 일이 없습니다. 어떤 어려움이 있어도 제 주변의 친구들이 모두 저를 도와주리라는 걸 잘 알기 때문이에요.

주민의 민원 해결을 위해 변호사에게 찾아가 자문을 구했어요.

이게 꼭 저한테만 일어날 수 있는 마법일까요? 저는 그렇게 생각하지 않습니다.

여러분도 저처럼 할 수 있고, 꼭 하셔야만 해요. 필요하면 저라는 사람을 활용하세요.

이 책 프로필에는 제 메일 주소가 공개되어 있으니 저를 휴먼 레버리지로 활용하실 분들은 꼭 연락주시기 바랍니다.

마음을 레버리지로 부를 쌓기

이제 드디어 이 책에서 여러분이 듣고 싶은 마지막 핵심 지식이 나올 차례인 것 같습니다.
지금까지 제가 말씀드린 대로 차근차근 따라왔다면 여러분은 분명히 혈혈단신, 가진 건 오직 몸 하나밖에 없었을 때와는 완전히 다른 사람이 되어 있을 거예요.

그리고 그렇게 만든 휴먼 레버리지는 여러분에게 '부'의 결과로 다가올 것입니다. 더 쉽게 표현하면 이제는 여러분이 부자로 가는 티켓을 손에 거머쥔 것과 마찬가지예요.

다만, 한 가지 조심하셔야 할 것도 있어요.
이 무기는 정말 조심히 다뤄야 하고, 아무 때나 써서는 안 된다는 걸 말이죠.

1주일 만에 1억 모으기

그럼 지금부터 제가 어떻게 해서 휴먼 레버리지를 통해 마음을 레버리지해서 부를 쌓을 수 있었는지 말씀드릴게요.

그 전에 먼저 질문을 하나 드리고 싶습니다.
여러분은 1억이 큰 돈이라고 생각하시나요? 경우에 따라 그렇다고 하시는 분도 있고 아니라고 하시는 분도 있을 거예요. 어떤 분은 평생에 1억을 모으기도 어려운 분도 있을 거예요.

그런데 저는 1억을 일주일 만에 만들 자신이 있습니다.

제가 딱히 사업을 하거나 주변에 돈을 꾸지 않더라도, 현재 가지고 있는 인맥만으로 말이죠! 어떻게 이게 가능하냐고요?

현재 주변에 어려운 사람을 돕기 위한 자선모임행사 기

금을 조성한다고 합시다.
저는 자선모임행사 기금 마련을 위해 1만원권 쿠폰을 만들 겁니다.
그리고 제 주변의 핵심 인맥들에게 행사의 취지를 충분히 설명하고 쿠폰을 사달라고 할 것입니다.

그럼 만약 이 쿠폰을 1천명이 산다면?
1천만원이라는 돈이 생기겠죠? 그런데 1만명이 이걸 산다고 한다면? 곧바로 1억이라는 돈이 모일 거예요.

물론 조금 극단적인 비유이긴 하지만, 휴먼 레버리지라는 게 어떻게 해서 이렇듯 엄청난 네트워크 효과를 발휘한다는 것을 말씀드리기 위해서 예로 든 것입니다.

네트워크의 신기한 원리

저는 학원 사업을 하면서 세상의 참 많은 이치를 깨달았는데 그 중에서도 '네트워크'라는 개념의 중요성을 절실히 깨닫게 되었습니다. 이게 무슨 말이냐고요?

이 세상 거의 모든 사업 원리는 네트워크 방식입니다.
앞서 제가 1억을 1주일만에 버는 법 말씀드렸죠?

듣다 보면 봉이 김선달 같은 사기 아닌가? 싶으셨겠지만, 한 편으로는 이게 생각해보니 그렇네, 하고 수긍이 되시는 대목도 있을 거예요.

그렇게 될 수 있는 이유가 바로 이 '네트워크' 연결의 원리 때문입니다.
저는 이 책의 핵심부이자 가장 중요한 부분인 이 파트에서 네트워크 원리란 무엇인지, 또 여러분처럼 평범한 분들이 어떻게 하면 네트워크를 활용해 부를 축적할 수 있는지 말씀드리려고 해요.

제가 말한 네트워크 원리는 '휴먼 레버리지' 또는 '휴먼 캐피탈'이라는 단어로 설명할 수 있습니다. 지금까지 제가 말씀드린 것처럼 '내 사람'을 만들면 이는 세상 그 무엇보다 강한 '자원'이 되고, 이 '사람이라는 자원'으로 사람과 사람을 연결하는 레버리지로, 활용하면 세상에 하지 못할 일이 없다는 거예요.

정말입니다. 제가 경험해보니 그래요. 사업이든 정치든, 어떤 조직 활동에서도 빛을 발하는 원리입니다. 그러니 만약 내 주변에 무한한 부의 원천을 두고 싶은 분들이라면 제일 먼저 챙기셔야 할 게 바로 '사람'입니다.

사람이 가장 소중하다

저는 이런 원리가 사회 전반에 배어 있을 거라고 생각해요.

다만 레버리지의 영역이 사람인지, 자본인지, 구조인지를 잘 파악을 해야 하죠. 현재 내가 하려는 사업의 자본이 부족하다면, 십시일반으로 이 자금을 함께 투자해줄 사람을 모아야 하죠.

이처럼 세상에는 수많은 휴먼 레버리지가 존재합니다. 그런데 여기서 가장 중요한 게 뭔지 눈치를 채셨죠?
이 모든 레버리지의 중심에는 사람이라는 요소가 작용합니다. 돈과 관련된 일에도 사람, 기회와 관련된 것도 사람... 사람이 없으면 아무리 똑똑한 사람이라고 하더라도 일을 완성할 수 없어요.

제가 왜 휴먼 레버리지, 레버리지를 말하는 지 이해가 되시죠?

휴먼 레버리지는, 사람이 서로가 서로에게 도움을 주고받으며 살아가는 것을 말합니다.

우리가 알고 있는 지식은, 우리가 만나는 사람만큼 유용하지 않아요.

사람은 첫째 책을 통해서 아이디어와 영감을 얻고, 둘째 여행을 통해서 자기 자신을 성찰 발견하며, 셋째 지금 하고 있는 일을 통해서 배우고, 넷째가 바로 가장 크게 성장하는것인데요. 사람과의 만남을 통해서 성장한다는 것입니다.

또 하루를 보내면서는 아침에는 책을 통해서, 낮에는 일을 통해서, 저녁에는 사람과 만남을 통해서 성장합니다.

인맥은 사람들과 사람들 사이의 수많은 관계, 즉 인적 네트워크입니다.
우리는 자기 자신이 알지 못하는 방식으로 우리를 둘러

싼 인적 네트워크의 영향을 받고 있어요.

사람 저마다 가지고 있는 인적 네트워크를 제대로 이해하고 파악해서 여러분 자신의 숨은 인맥으로 휴먼 레버리지를 시작해보세요.
그 숨은 인맥이 휴먼 레버리지를 작동시켜 우리의 삶을 변화시킬 것입니다.

결국 사람을 통해서 세상 모든 일들이 지금보다 좋아지고, 더 나아지고, 결과적으로 마음을 레버리지해서 부를 쌓을 수 있음을 이 책을 읽는 독자들은 꼭 기억해주셨으면 합니다.

인맥왕이 말하는 휴먼레버리지의 기술!

내가 잘 하는것과 못하는 것을 구별하자.
아무리 뛰어난 사람도 혼자서 일을 다 할 순 없다. 도움을 주고 받는것에 인색할 필요가 없다. 내가 잘 못하는 것은 관계를 적극적으로 아웃소싱함으로서 일의 효율을 극대화하자.

경청을 하다보면 나의 목소리에 귀를 기울이게 되고, 기존에 지식과 새로운 지식이 합쳐져 지식이 지혜로 변한다는 사실을 알게 된다. 경청은 협상과 타협을 모색하는 가장 품격있는 행위이다.

레버리지는 양방향 소통과 같다. 아무리 싫은 사람의 말이라도 분명히 거기엔 내가 모르는 점이 있을 수 있고, 내가 배워야 할 게 있을 수 있다는 점을 인정하자. 그리고 상대방을 적으로 만들지 말고 내 편으로 만들자. 그럼 휴먼 레버리지 파워가 한 번 더 업그레이드가 된다.

에필로그

휴먼레버리지를 통해 잘산다는 것의 의미를 알게 되었습니다. 무엇보다도 정서적으로, 물질적으로 안정감을 갖게 되었습니다.
내가 어떤 힘든 일이 있어도 지혜를 나눌 수 있고, 손 내밀면 함께 해줄 친구가 있기 때문입니다. 어느 순간에도, 당당할 수 있는 힘이 생겼습니다.

이 비법을 알고나자, 어쩌면 무소유의 삶을 실천할 수도 있겠다는 생각도 들더군요.
휴먼레버리지를 통해 내가 가진 것보다도 더 많은 것을 얻을 수 있고 물질에 연연하지 않은 삶을 살수 있게 되었으니까요.

저는 여기에 머무르지 않습니다.

여러분도 기억하고 잊지 마세요. 절대 머물러선 안됩니다. 꾸준한 자기계발을 통한 매력적인 나로 매일 매일, 성장해 나아가야 합니다.

인간관계에도 상대성의 원리가 작동
모든 인간관계는 상대성의 원리가 작용합니다. 만약 나 자신이 상대방에게 유익하지 않다면 상대방도 나에게 유익한 관계를 형성하기 어려울것입니다.
세상에는 공짜가 없으니까요.
내가 매력이 없다거나 나의 캐릭터가 확실하지 않으면 이 책에서 말한 휴먼 레버리지 역시 만들 수 없습니다. 인맥의 기술이란 궁극적으로 자기 발전과 비전에 주목하는 것입니다.

자기 자신을 계속해서 계발하고 발전시킴으로써 서로에게 유익한 관계를 형성 할 수 있습니다. 진실한 관계, 진짜 인맥은 눈앞의 당장의 이익이나 계산 속에서 있는 것이 아니며 생색만 내는 것을 뜻하지도 않습니다.

지혜로운 사람, 똑똑한 사람은 필요한 시기에 필요에 따라 아무렇지도 않은 듯 적절한 타이밍에 도움을 주는 사람입니다.

만약 당신이 사람을 사귀는 것이 서툴다고 고민하고 있다면 지금 내가 잘 할 수 있는 일을 꾸준히 해나가도록 하세요. 그것이 인맥을 쌓는 출발 지점입니다.

부족한 책을 끝까지 읽어주셔서 감사합니다. 항상 건강한 날들이 되시길 바랍니다.

에필로그

휴먼 레버리지의
지혜로운 실천을 위한 십계명

제1계명, 상대방 입장에서 생각하자.

: 역지사지는 기본! 배려와 감사로 상대를 위해줍니다. 나보다는 상대방의 입장을 먼저 생각하면 결국엔 나도 행복해질 수 있습니다.

제2계명, 먼저 다가가자.

: 상대가 다가오길 기다리지 말고 내가 먼저 인사하고, 먼저 다가가기. 언제나 기억해야 할 것은 상대방 역시 내가 다가와주길 기다리고 있다는 점! 그러니 먼저 내가 다가가면 그만큼 상대방에게 신뢰를 얻을 수 있습니다.

제3계명, 진심을 다해 대하자.

: 가식과 허영을 버리고 인간 대 인간으로 상대방과 친해지려고 노력하기. 내가 체면과 예의를 차리고 진심을 보여주지

않으면 상대방도 금방 이 사실을 알게 됩니다. 항상 진심으로 상대를 대하는 게 중요한 이유입니다.

제4계명, 약속 시간을 잘 지키자.

: 한 번 약속한 것은 어떤 경우라도 반드시 지키기. 약속을 잘 지키는 건 기본이자 인간으로서의 예의입니다. 약속을 잘 지키는 사람 주변에는 항상 사람이 많죠.

제5계명, 경청하자.

: 내 말을 먼저 내뱉기보다는 상대방이 나에게 하는 말을 경청하기. 상대방의 말을 먼저 듣고 그 다음 내가 할 말을 하는 것은 대화의 기본이자 소통의 제1 원리입니다.

제6계명, 겸손하자.

:내가 아무리 뛰어난 능력을 가지고 있어도, 상대방이 나보다 뛰어난 점은 반드시 있을 것이므로 그에게 항상 배우자. 상대가 나보다 뛰어난 점이 반드시 있는 걸 인정하는 건 어렵지만, 그만큼 성숙한 인간관계를 맺을 수 있는 방법입니다.

제7계명, 베풀자.

: 내가 먼저 주자. 받지 않더라도 먼저 주면 그 이상을 받게 되어 있다. 먼저 베푸는 것은 나중에 2배, 3배로 돌려받는 방법입니다. 받은 다음 돌려주는 것보다 먼저 주고 나중에 받는 것이 훨씬 좋습니다.

제8계명, 칭찬하자.

: 다른 사람을 비난하기보다는 항상 칭찬해주자. 세상에 칭찬할 게 없는 사람은 없다. 그러므로 조금이라도 칭찬할 점이 보이면 주저없이 칭찬하자. 칭찬은 고래도 춤추게 합니다. 작은 부분이라도 상대방을 칭찬하려고 노력하면 낯선 상대와도 금방 친해질 수 있습니다.

제9계명, 항상 감사하자.

: 현재에 감사하고 오늘 주어진 하루에 감사하면 모든 것이 축복이고, 선물이다. 작은 일에도 감사하는 건 습관입니다. 감사의 습관이 있어야 내면의 그릇이 커지고 더 많은 것을 담을 수 있게 됩니다.

제10계명, 항상 행복하자.

: 세상에 태어난 목적은 행복하기 위해서다. 내 행복을 위해서 최선을 다하고, 나에게 최선을 다하자. 그 무엇도 인생의 행복보다 중요한 건 없습니다. 큰 작은 일에도 행복해하는 건 노력으로 할 수 있는 일입니다.